KB018690

# 오스트리아

AUSTRIA

피터 기에러 지음 · 임소연 옮김

세계의 **풍습과 문화**가 궁금한
이들을 위한 **필수 안내서**

# 세계 문화 여행

# 오스트리아

## AUSTRIA

시그마북스
*Sigma Books*

# 세계 문화 여행 _ 오스트리아

**발행일** 2019년 1월 18일 초판 1쇄 발행

**지은이** 피터 기에러

**옮긴이** 임소연

**발행인** 강학경

**발행처** 시그마북스

**마케팅** 정제용

**에디터** 김은실, 장민정, 최윤정

**디자인** 김은경, 최희민, 김문배


**등록번호** 제10-965호

**주소** 서울특별시 영등포구 양평로 22길 21 선유도코오롱디지털타워 A402호

**전자우편** sigmabooks@spress.co.kr

**홈페이지** http://www.sigmabooks.co.kr

**전화** (02) 2062-5288~9

**팩시밀리** (02) 323-4197

**ISBN** 979-11-89199-65-4 (04900)

978-89-8445-911-3 (세트)

이 도서의 국립중앙도서관 출판예정도서목록(CIP)은 서지정보유통지원시스템 홈페이지(http://seoji.nl.go.kr)와 국가자료공동목록시스템(http://www.nl.go.kr/kolisnet)에서 이용하실 수 있습니다. (CIP제어번호: CIP2019000238)

* 시그마북스는 ㈜시그마프레스의 자매회사로 일반 단행본 전문 출판사입니다.

# 오스트리아전도

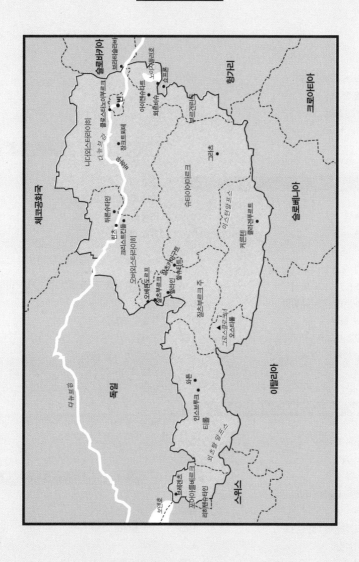

# 차    례

## 06  여가시간

## 09  의사소통

## 07  오스트리아 여행의 이모저모

## 08  비즈니스 현황

현대 오스트리아는 유럽 한가운데에 위치한 자그마한 중립국이다. 오스트리아의 풍경은 아름답기로 유명해, 겨울이면 많은 사람들이 스키를 타기 위해, 여름이면 산과 호수를 즐기기 위해 이 나라를 방문한다. 연중 내내 공연되는 오페라와 음악회 또한 많은 이들의 발걸음을 오스트리아로 이끌고 있다. 오스트리아의 수도, 빈은 과거 유럽의 지적 요람이었고 강력한 권력을 지녔던 왕국에서도 가장 빛나는 도시였다. 이렇게 찬란한 역사를 지녔던 오스트리아였지만, 20세기에 들어와서는 현대국가로 탈바꿈하는 데 적지 않은 시행착오를 겪어야 했다.

제1차 세계대전에서 패한 후에는 방대했던 영토의 상당 부분을 상실했고 정치적·경제적으로 큰 타격을 입었다. 오랜 역사의 왕정도 폐지되었다. 이후 제2차 세계대전에서 다시 패배할 때까지 오스트리아는 새로운 정체성을 확립하지도, 나라를 재건하지도 못했다. 제2차 세계대전에서 다시 패전국이 된 오스트리아는 외국 군대에게 영토를 점령당하고 분할 통치당하는 수모를 겪었지만 미국의 마셜플랜의 지원을 받아 재건에 돌입했다. 그리고 1955년 새 공화국 역사에 획기적인 사건이었던 오스트리아국가조약이 체결되며, 드디어 번영의 길이 열렸다. 20세기 전반, 전쟁으로 폐허가 되었던 나라는 복구되었지만 그로 인한 충격의 흔적은 오늘날에도 여전히 그늘을 드리우고 있다.

오스트리아인들은 이런저런 시행착오를 통해 정치적으로 타협하는 법을 배웠지만, 결코 삶의 질을 타협하지는 않는다. 이들은 물려받은 유산과 문화를 이용해 최첨단 산업을 세웠고, 과거 공산주의 국가였던 동유럽뿐 아니라 EU 회원국과도 좋은 관계를 유지하고 있으며 작은 경제 기적도 이뤄냈다.

수도인 빈만 벗어나면 뚜렷한 지역별 특색을 가진 곳이 많다. 다양한 인종과 전통이 어우러져 빚어낸 독특한 분위기 때문에 오스트리아인들은 독일이나 스위스보다도 더 열린 마음과 여유로운 삶의 자세를 가지고 있다. 오스트리아 사람들은 낯선 이들을 따뜻하게 맞아주고 친절하게 대하며, 환경을 생각하고, 강력한 사회적 책임의식을 가지고 있다. 또한 각 개인의 사적 영역을 존중해준다. 미국 기준에서 보면 지나치게 낡고 복잡한 사회적 관심과 기대가 아직도 존재하지만, 젊은 세대들은 이를 그대로 받아들이고 순응하기보다는 도전하고 있다.

이 책에서는 그림엽서같이 아름다운 풍경에서 사는 사람들의 생생한 실제 모습을 만나볼 수 있을 것이다. 간략하게 오스트리아의 역사를 살펴보고, 오늘날까지도 지대한 영향을 미치고 있는 오스트리아의 전통과 가치를 알아볼 것이다. 또한 다양한 상황별로 어떻게 행동해야 하며 어떤 결과를 기대할 수 있을지 안내할 것이다. 독자들이 이 책을 통해 오스트리아인과 그들의 삶에 대한 통찰력을 얻고, 활기 넘치고 세련된 오스트리아인들에 대해 더욱 많은 것을 알 수 있길 바란다.

# 기본 정보

| | | |
|---|---|---|
| **공식 명칭** | 오스트리아공화국 | 오스트리아공화국은 EU 정식 회원국 |
| **수도** | 빈(비엔나) | |
| **주요 도시** | 린츠, 그라츠, 잘츠부르크, 인스브루크, 클라겐푸르트, 브레겐츠, 아이젠스타트, 장크트푈텐 | |
| **면적** | 약 8만 4,000km$^2$ | |
| **지형** | 주로 알프스 산으로 둘러싸여 있으며, 동쪽은 저지대로 이루어져 있다. | |
| **기후** | 산악 기후, 대륙성 기후 | |
| **통화** | 유로 | 오스트리아는 2002년 1월 유로존에 가입 |
| **인구** | 858만 1,117명 | |
| **평균수명** | 남성 79.2세<br>여성 84세 | |
| **인종 구성** | 게르만계 90.2%<br>기타 9.8% | 다른 민족으로는 터키계, 전유고슬라비아 국민, 독일인 등이 있다. |
| **언어** | 독일어 | 슬로베니아어와 크로아티아어를 쓰는 소수 지역도 있다. |
| **종교** | 천주교 74%<br>개신교 4.7%<br>이슬람교 4.7%<br>유대교 4.2%<br>기타 12.4% | 모든 국민은 공식 교회에 소속되어 있고, 교회세를 낸다. |
| **정부** | 오스트리아는 빈을 비롯한 8개 주로 구성된 민주연방공화국이다. 정부는 빈에 위치해 있으며, 의회는 하원과 상원의 양원제로 운영되고 있다. | 국가 원수는 대통령으로, 국민이 6년마다 선거를 통해 직접 선출한다. 정부 수반은 수상이 맡는다. 의회는 5개 정당으로 구성되어 있다. |
| **언론 매체** | 공영 방송 ORF는 TV와 라디오 방송을 제공하며, 이 밖에도 다양한 지역별 방송국과 위성 방송국이 있다. | 다양한 전국지와 지역신문이 있다. 일반 신문 〈디프레세〉, 〈데어 슈탠다드〉, 〈비너 자이퉁〉, 중간 포맷의 일간지 〈쿠리어〉, 타블로이드지 〈크로넨 자이퉁〉, 〈클라이네 자이퉁〉 등이 대표적이다. |
| **영어 매체** | 〈디프레세〉와 〈오스트리아 투데이〉는 현지 소식과 국제 뉴스를 전하는 영문 웹사이트를 운영하고 있다. | |
| **전기** | 230V, 50Hz | 2핀 플러그를 사용한다. 미국식 장치에는 어댑터를 사용해야 한다. |

| TV/비디오 | PAL B 시스템 | NTSC TV 방식은 사용할 수 없다. |
|---|---|---|
| 인터넷 도메인 | .at | |
| 전화 | 국가번호 43 | 전화를 걸 때는 00을 눌러야 하며, 통신사별로 다른 코드를 이용할 수 있다. |
| 시간대 | 중앙 유럽 표준시 | 오스트리아도 매해 여름 서머타임을 실시한다. |

# 01

## 영토와 국민

오스트리아는 육지로 둘러싸여 있는 작은 국가지만, 작은 영토에 비할 수 없는 거대한 영향력을 지니고 있다. 오스트리아의 음악가와 화가, 사상가들은 유럽 문화에 지대한 영향을 미쳤고 오스트리아의 수준 높은 문화생활을 보기 위해 찾는 전 세계 관광객들의 발걸음이 오늘날까지도 끊이지 않고 있다.

오스트리아는 육지로 둘러싸여 있는 작은 국가지만, 작은 영토에 비할 수 없는 거대한 영향력을 지니고 있다. 오스트리아의 음악가와 화가, 사상가들은 유럽 문화에 지대한 영향을 미쳤고 오스트리아의 수준 높은 문화생활을 보기 위해 찾는 전 세계 관광객들의 발걸음이 오늘날까지도 끊이지 않고 있다. 겨울이면 절경을 자랑하는 산에서 겨울 스포츠를 즐길 수 있는 사계절 내내 아름다운 나라, 오스트리아에 사는 사람들은 누구나 부러워할 만한 높은 삶의 질을 누리고 있다. 오스트리아는 명실 공히 일하고 거주하기에 아주 이상적인 나라다.

현대가 시작되고 오스트리아는 각고의 노력 끝에 새로운 세상에서 자신이 맡을 새 역할을 찾았다. 또한 유럽의 공산주의 몰락을 계기로 중앙유럽 및 동유럽 국가들과 관계도 재정립했다.

오늘날 오스트리아에는 약 800만의 인구가 거주하고 있다. 과연 이들은 누구일까? 무엇이 오늘날의 그들을 만들었고, 이들은 독일인이나 다른 유럽 이웃국가 사람들과 어떻게 다를까?

# 지형

오스트리아는 중앙유럽의 교차로이자 알프스 산맥의 전략적 요충지에 위치해 있다. 영토 크기는 8만 3,871km²로, 북쪽으로는 독일과 체코, 동쪽으로는 슬로바키아와 헝가리, 남쪽으로는 슬로베니아와 이탈리아, 서쪽으로는 리히텐슈타인과 스위스와 국경을 접하고 있다. 1945년 이후, 오스트리아의 동쪽과 남쪽에 위치한 이웃국가들은 사회 불안에 시달렸고, 때로 이런 동요는 혁명으로 이어지기도 했다. 이런 혼란 가운데 국제 협약에 의해 국경이 정해지면서, 독일어를 쓰는 일부 지역이 남티롤(북부 이탈리아), 체코, 헝가리로 편입되기도 했다. 오늘날

오스트리아에도 슬로베니아어와 크로아티아어를 쓰는 지역이 일부 존재한다. 빈과 그 주변 지역은 과거 합스부르크 왕가에 속했던 영토의 문화를 받아들이고, 유럽인으로서 일체성을 강조하는 범유럽주의적 태도를 보인다. 오늘날 오스트리아 마을이나 도시를 방문한다면 외국 억양의 독일어를 비롯해 다양한 언어를 들을 수 있을 것이다.

오스트리아의 영토 대부분은 산악 지대로 이뤄져 있다. 북쪽 및 동쪽으로는 대부분 완만한 경사의 땅이나 평지가 펼쳐져 있지만, 남쪽과 서쪽으로는 웅장한 동쪽 알프스 산맥이 솟아 있다. 최고봉으로는 그로스글로크너(3,798m)를 꼽을 수 있다. 서쪽과 동쪽 국경 끝에는 각각 보덴호(영어로는 콘스탄트 호수)와, 노이지들러호라는 큰 호수가 있다. 보덴호는 깊고 물결이 거센 반면 노이지들러호는 수심이 얕고 잠잠하다. 노이지들러호는 2005~6년 겨울처럼 완전히 얼어붙어 유럽 최대의 아이스링크가 되기도 한다. 이 호수는 자연보호구역이자 조류보호구로 지정되어 있다.

오스트리아 지형의 가장 큰 특징으로는 강이 많다는 것과, 그 강의 대부분의 다뉴브강으로 흘러들어간다는 것을 꼽을 수 있다. 산에서 시작된 계곡물과 강물의 수량은 계절별로 달

라지고, 그에 따라 다뉴브강의 수심도 변한다. 지난 30년 동안, 오스트리아는 하수 통제에 많은 노력을 기울였고, 흐르는 물의 에너지를 이용하기 위해 수력발전소와 댐을 건설했다. 다뉴브강은 동유럽과 서유럽을 잇는 주요 수송로 중 하나로, 발칸전쟁 중에는 수송이 제한되었지만 전쟁이 끝난 뒤 다시 최대한도로 활용되고 있어, 선박들이 북해부터 흑해까지 자유롭게 이동할 수 있다.

다뉴브강은 그 뛰어난 풍경으로 유명하다. 특히 바하우 문화경관지역은 유명한 와인산지일 뿐 아니라, 아름다운 성과 폐허가 된 옛 건축물이 고스란히 남아 있는 곳으로 유명하다. 또한 오스트리아는 니벨룽족 신화의 배경 장소이기도 하다. BC

2만 4,000년경 만들어진 것으로 추정되며 1908년 발굴된 원시 미술의 상징, 빌렌도르프의 비너스가 발견된 곳도 바로 오스트리아다.

해마다 많은 관광객들이 장엄한 알프스 산의 절경을 감상하고자 오스트리아를 찾는다. 급격한 산의 경사를 이용해 지은 스키 리조트가 많아 겨울이면 전 세계에서 겨울 스포츠를 즐기기 위해 사람들이 몰려온다. 오스트리아 알프스 출신의 스키선수들이 올림픽과 각종 세계 선수권 대회에서 좋은 성적을 거두며, 더 많은 관광객이 겨울에 오스트리아를 찾고 있다. 관광은 오스트리아의 주요 산업으로, 겨울과 여름 모두 많은 관광객들이 이 나라를 찾는다. 서부 티롤과 잘츠카머구트 지역도 연중 관광객의 발걸음이 끊이지 않을 정도로 인기 높은 관광지다. 작은 음악제부터 대형 음악제까지, 다양한 음악 축제를 전략적으로 기획한 것도 관광객 유치에 큰 도움이 되었다.

최근 공기오염과 토양오염 등 삼림 황폐화가 진행되고 있음을 보여주는 징후가 속출하면서 환경 문제가 EU의 주요 화두로 떠올랐고, 이에 오스트리아의 정치인을 비롯한 많은 사람들이 관광 및 산악지대 수송의 수요와 그것이 미치는 영향을 두고 열띤 논쟁을 벌이고 있다.

알프스 지역은 겨울이면 눈과 비를 동반한 매서운 추위가 찾아온다. 거기에 더해 메마른 토양과 급격한 경사 등 악조건 때문에 알프스 지역의 많은 인구가 동부의 저지대로 이동했다. 동부는 오스트리아의 산업과 부가 집중된 지역으로, 현재 정부는 동부와 남부와의 조화로운 개발과 협력을 강조하고 있다.

오스트리아의 시골 대부분은 여전히 오염되지 않은 삼림지대다. 오스트리아의 농업은 여전히 국가 경제에 중추적 역할을 담당하고 있으며, 고품질, 유기농 농산물의 중요성을 강조하고 있다. 오스트리아는 유전자변형농산물 도입을 거부하고 있고, 세상에서 가장 엄격한 와인 관련법을 시행하고 있다. 대

다수 농가는 소규모이고, 많은 농가가 관광업으로의 다각화를 꾀하고 있다. 한편 첨단 기술의 발전으로 농업에 종사하는 인구는 이전보다 적어졌다.

유럽 내 공산주의가 몰락한 뒤 EU가 확대되면서 오스트리아는 이 새로운 기회를 이용해, 이웃국가들과 산업, 금융, 외교, 문화적 관계를 새롭게 정립했다. 이런 과정에서 빈은 중요한 국제 센터로 다시 한 번 발돋움할 수 있었다.

## 기후

오스트리아는 온화한 기후를 보인다. 여름 날씨도 보통 온화하지만 종종 소나기가 내리고, 강한 햇볕과 함께 기온이 높게 오르기도 한다. 겨울이면 저지대에는 추위와 함께 안개와 눈, 비가 찾아오고, 산악지대에는 눈이 많이 내린다. 알프스의 깊은 골짜기에서는 지척이라도 날씨와 기후가 급격히 달라질 수 있으니 관광객들의 유의가 필요하다. 특히 산악지역을 찾은 관광객이라면 항상 현지인들의 조언을 따르는 것이 좋다.

오스트리아의 남동쪽에는 남부 알프스 산맥이 솟아있는데

여름에 이 지역의 저지대 계곡과 호수 부근을 찾는다면 지중해 기후와 유사한 더위와 건조함을 경험할 수 있을 것이다. 여름철 남부 오스트리아의 호수들은 따뜻한 수온을 보인다.

북부와 동부 날씨는 연중 변화가 무쌍하다. 여름은 매우 더운데, 여름철에는 강우량이 많고, 번개를 동반하며 짧은 기간 동안 지속되는 특징을 보인다.

겨울철 산악지대는 −10℃, 저지대는 −6℃ 정도의 기온을 보이는 것이 일반적인데 최근 겨울은 이보다 훨씬 추웠다. 여름철 기온은 산악지대 20℃, 동부와 남부 30℃ 정도로 볼 수 있다.

## · 푄 ·

고온 건조한 바람, '푄'은 티롤 지방에서 우세풍이 산 정상을 넘어갈 때 흔히 발생한다. 습윤했던 공기는 산을 타고 정상을 향하는 동안 단열팽창해 눈이나 비를 내린다. 건조해진 공기는 산 정상을 넘어 산의 경사면을 타고 내려오는데, 고도가 낮아질수록 기압은 높아지고 바람의 온도는 급격히 상승해, 고온건조한 바람이 거세게 불게 된다. '푄' 바람은 단 몇 시간 안에 급격한 온도의 상승을 보일 수 있다. 1920년대 독일의 전자제품 회사 AEG는 이에 착안해 '푄'이라는 이름의 헤어드라이어를 출시했는데, 이 단어는 현재까지도 독일어와 이탈리어를 사용하는 나라에서 헤어드라이어와 동의어로 쓰이고 있다.

푄 바람은 종종 편두통이나 정신병 등의 질병과 연관되기도 한다. 연구에 따르면 푄 바람이 부는 기간 동안 자살률과 사고 발생률이 높아진다고 한다.

## 역사 개관

아득한 옛날부터 사람들은 아름다운 알프스 산맥과 산을 타고 내려온 물이 이룬 강에 매료되어 이곳에 터를 잡았다. 다뉴브강가의 빌렌도르프에서 다산을 상징하는 작은 조각상 빌렌도르프의 비너스가 발굴되며 약 2만 4,000년 전 후기 구석기 시대에 다뉴브강에 사람이 정착해 살았다는 것이 입증되었다.

1991년에는 알프스 산의 외츠탈 빙하지대에서 석기 시대의 것으로 추정되는 인간 미라(외치)가 발견되어 세상을 떠들썩하게 만들기도 했다.

오스트리아 역사는 켈트족과 함께 시작되었다고 말할 수 있다. 여기서 켈트족이란 후기 청동기 시대(BC1200-700) 중앙유럽과 서유럽에서 활동한 것으로 확인된 많은 부족들에 대한 총칭이다. 이들은 주로 농사를 짓거나 소를 키우며 생활했으며 적의 공격에 대비하지 않은 채 한 지역에 정착해 살았다. 오스트리아 중부에 위치한 할슈타트의 무덤들에서는 각종 무기와 장신구가 발견되어, 이 시기 발전한 문명이 있었다는 것을 보여준다. 세월이 흐름에 따라 기술이 발전하면서 청동기는 철기로 대체되었다. 이 지역 농부들은 소금을 발견해, 알프스 산 남쪽의 부족이나 현재 독일 남부 바이에른에 해당하는 강가에 살던 부족에게 소금을 팔기 시작했다. 이후 켈트 왕국 노리쿰이 세워졌다. 노리쿰은 로마제국의 공격을 받았지만 이후 동맹국이 되었고 기원전 16년에는 로마제국에 합병되었다. 1970년, 오스트리아 할라인에 켈트족을 주제로 한 박물관이 개관했다.

세월의 흐름에 따라 오스트리아에서 켈트족은 점차 튜턴족으로 대체되었다. 그리고 2세기, 로마제국의 황제였던 마르쿠스 아우렐리우스는 침입을 일삼던 게르만족을 격퇴하기 위해 북쪽으로 진군해 다뉴브강의 군사기지로 빈도보나(빈)를 세워 북쪽 부족으로부터 로마제국을 보호하고자 했다.

**【 바벤베르크 왕가 】**

'오스트리아'라는 이름은 996년 11월 1일, 신성로마제국의 황제였던 오토 3세가 서명한 문서에서 처음 등장한다. 문서에는 "보통 '오스타리히'라고 부르는 지역의 뉘안호바 주(현재 뉘호펜 안 데르 입스에 해당)를 기부했다"는 대목이 나오는데, 바로 오스트리아와 비슷한 명칭 '오스타리히'가 처음으로 공식 사용된 것이다. 오스타리히는 바벤베르크 왕가의 지배 영토를 가리키는 이름으로 쓰이다가 11~12세기 무렵 '오스트리아'가 된 것으로 보인다.

바벤베르크 왕가는 본래 마인 강가 오버프랑켄의 밤베르크 출신으로, 그 가계와 혈통은 확실하지 않지만 11세기경 여러 바이에른 지역을 지배하는 귀족이 되었다. 바벤베르크 왕가는 270년에 달한 통치기간 동안 오스트리아 공국을 세우고 그 입지를 강화했다. 특히 이들은 비슷한 계급의 가문과 정략결혼을 통해 권력을 강화하는 전략에 아주 능했는데, 훗날 이는 오스트리아를 대표하는 세력 확대 방법이 되었다. 처음 바벤베르크 왕가는 적의 침입을 방어하는 데 그치다 곧 적극적으로 영토 확장에 나서 보헤미아와 마자르(현 헝가리)를 획득했

고, 계속해서 동쪽과 남쪽의 유력 가문과 정략결혼을 추진해 세력을 굳혔다. 모두 아는 것처럼, 훗날 합스부르크 왕가도 이 전략을 모사해 많은 성과를 거두었다.

종종 게르만 영웅 전설 속 니벨룽족과 연관이 있는 것으로 언급되는 바벤베르크 왕가는 다뉴브강 분지에 터를 잡고 클로스터노이부르크에 강력한 요새를 세우고, 학문과 무역의 전당으로 멜크, 괴트바이그, 하일리겐크로이츠 등 유명 수도원을 세웠다. 바벤베르크 왕가의 통치 시기, 니벨룽족 영웅 이야기는 물론 발터 폰 데어 포겔바이데 같은 서정 시인들의 음악과 가사에 창의적인 시적 표현이 등장하기 시작했다.

1192년 레오폴드 5세 공작은 십자군 원정에 참전했다가 귀국하던 사자왕, 영국 왕 리처드를 포획해 다뉴브강가에 위치한 뒤른스타인 성에 감금했다. 리처드 왕은 거액의 몸값을 지불하고 나서야 석방되었고, 레오폴드 공작은 그 몸값으로 새로운 요새를 지었다.

바벤베르크 왕가의 통치기간 동안 빈은 활발한 무역의 중심지로, 다뉴브강은 중요한 수송로로 부상했다. 바벤베르크의 열두 번째 통치자이자 마지막 통치자였던 프리드리히 2세가 1246년 사망하며, 바벤베르크 시대는 막을 내렸고 그 영토는 보헤미아의 오타카르에게 넘어갔다. 오스트리아의 운명은 불확실해졌지만, 이 시기 오스트리아인들의 국가 정체성은 확실히 정립되었다. 다양한 부족과 인종, 언어 가운데 오스트리아인이 가진 고유의 특징이 자리 잡기 시작한 것이다.

**【 합스부르크 왕가 】**

1278년 합스부르크가의 루돌프 1세와 오타카르가 맞붙은 마치펠트 전투에서 오타카르가 패하면서 500년 역사의 합스부르크 왕조가 시작되었다. 합스부르크 왕가의 이름은 스위스의 아레강을 내려다보는 하비히츠부르크 성의 이름에서 유래했다. 합스부르크 왕가는 이후 수백 년 동안 전쟁이 아닌 정략결혼과 조약이라는 방법을 통해 자신의 세력과 영토, 부를 확장해 나갔고, 신성로마제국을 계승했다.

1519년 스페인 합스부르크 왕이었던 카를로스 1세는 아헨에서 신성로마제국의 황제 카를 5세로 추대되었고, 이후 유럽에서 가장 강력한 군주가 되었다. 카를 5세는 재위기간 동안 많은 전쟁을 벌였는데 대표적으로 이탈리아 영토를 두고 벌인 프랑스와의 전쟁과 독일 내 개신교를 탄압한 전쟁을 들 수 있다. 카를 5세는 1556년 퇴위하여 수도원에서 은둔하다 사망했다. 이후 신성로마제국은 오스트리아 합스부르크 왕가와 스페인 합스부르크 왕가로 분열된다. 유럽 역사의 상당 부분은 합스부르크 왕가에 의해 완성되었으며, 합스부르크 왕가의 몇몇 지도자들은 유럽의 정치, 종교, 철학, 문화 발전에 혁혁한 공을 세웠다. 합스부르크는 영토를 계속해서 확장해나가 헝가리, 보헤미아, 크로아티아, 폴란드의 일부, 루마니아, 불가리, 이탈리아, 우크라이나, 네덜란드, 스페인을 포함한 중앙유럽의 대부분을 지배했으며, 그밖에도 방대한 해외영토를 손에 넣었다.

1571년 관용과 교양을 지녔던 황제, 막시밀리안 2세가 종교의 자유를 승인하자, 많은 오스트리아인들이 개신교로 전향했다. 하지만 1576년 루돌프 2세가 다시 반종교개혁 정책을 펴고 약간의 탄압을 가하자 많은 이들이 다시 구교로 돌아왔다. 신교를 믿는 유럽 지역을 다시 구교로 돌리려는 시도로 인해 결국 30년 전쟁이 발발했고, 중앙유럽의 대부분 지역은 이 전쟁에 휘말려 큰 피해를 봤다.

1648년 베스트팔렌 조약이 체결되며, 30년 전쟁은 종식되고 드디어 평화가 찾아왔다. 이후 17세기 말까지, 오스트리아는 유럽에서 세력을 확장하려는 오스만 제국을 저지하는 데 온 힘을 다했다. 1683년에는 오스만 제국에 빈이 포위당할 위기가 찾아왔지만, 독일, 폴란드-리투아니아군으로 이뤄신 가톨릭 연합군의 투입으로 가까스로 위기를 모면할 수 있었다. 이후 사보이 공작 외젠의 진두지휘 아래 오스트리아군은 오스만 군을 유럽의 남동쪽 구석까지 몰아내는 데 성공한다.

1740년에는 마리아 테레지아가 황위에 올라 40년 동안 통치를 펼쳤다. 마리아 테레지아의 재임 기간 동안 오스트리아가 현대 국가로 발전했다는 것이 일반적 정설이다. 여제는 통치 기간 동안 권력을 중앙집권화했고, 행정체계를 바로잡았으며, 군과 경제를 개혁하고 공공교육 체계를 도입했다. 합스부르크 왕가의 유일한 여제였던 마리아 테레지아는 아들 요제프와 함께 오스트리아, 특히 빈을 세계의 음악 수도로 만들었다. 개화된 사고방식을 가졌던 요제프는 교회의 독재적 지배와 검열이 곧 끝날 것이라는 것을 알고 있었다.

하지만 이 시기 프랑스에서 혁명이 일어나면서, 오스트리아의 현대적 발전은 잠시 멈추게 된다. 요제프는 여동생이자 프랑스 혁명 중 처형당한 비운의 왕비, 마리 앙투아네트 때문에 절망했다. 혁명 후, 나폴레옹 보나파르트는 프랑스 정권을 잡고 유럽 정복의 길에 나섰다. 오스트리아는 1805년 울름전투와 아우스테를리츠 전투에서 프랑스에 패배했고, 이에 따라 체결된 프레스부르크 조약에 의해 오스트리아 영토 중 일부를 프랑스에 이양했다. 이 조약의 체결과 함께 신성로마제국도 해체됐다. 신성로마제국의 마지막 황제였던 프란츠 2세는 황제 칭호를 포기하고 프란츠 1세가 되었다.

하지만 이 조약의 체결 이후에도 오스트리아는 프랑스에 계속 저항했다. 티롤 출신의 여관 주인이자 애국자였던 안드레아스 호퍼는 농민군을 이끌고 인스부르크를 침략하려는 프랑스와 바이에른군을 상대로 싸워 1809년 8월 승리를 거뒀다. 이 전투는 나폴레옹이 육지 전투에서 처음으로 패배한 전투였다. 이후에도 유럽은 계속 혼란에 시달렸다. 이 혼란은 나폴레옹이 워털루 전투에서 최종적으로 패배하고 오스트리아, 영국, 프로이센, 러시아로 구성된 승전국들이 1815년 빈 회의를 개최하고 나서야 끝이 났다.

오스트리아는 뛰어난 외교관이었던 클레멘스 폰 메테르니히를 앞세워, 빈 회의를 거쳐 성립된 39개의 주권국가로 이뤄진 '독일연방'을 통치했고, 베네치아를 획득하고 롬바르디를 수복하는 등 이탈리아 내에서도 세력을 확장했다.

하지만 평화는 오래 가지 않았다. 프랑스 혁명이 뿌린 불만의 씨앗이 유럽 전역으로 퍼져, 1848년 혁명이 일어난 것이다. 프로이센이 통일된 독일의 주도권을 잡겠다는 야심을 품고, 합스부르크 왕가가 통치하던 지역 주민들 사이에서 민족주의가 일어나는 등 복합적인 요인 아래 전쟁이 일어났고 오스트리아는 결국 1866년 프로이센에 패배했다. 이 패배로 합스부르크 왕가는 돌이킬 수 없는 치명상을 입었고, 이듬해인 1867년 오스트리아의 황제였던 프란츠 요제프 1세의 주도 아래 오스트리아-헝가리 제국이 성립했다. 곧 번영의 시대가 찾아왔지만 오스트리아가 소유하고 있었던 발칸반도 영토를 둘러싼 갈등이 불거졌다. 국제 협약과 동맹이 체결되어, 이 지역 영토를 차지하기 위해 경쟁하던 국가 간의 영토 분할을 규정했지만 관련 국가들은 결과에 만족하지 못했고 유럽의 정세는 파국으로 치달았다. 급기야 1914년 6월 사라예보에서 세르비아의 국수주의자가 오스트리아-헝가리 제국 황제의 조카

이자 왕위 계승자였던 페르디난트 대공을 암살하는 사건이 일어났다. 이 사건을 이유로 오스트리아 헝가리 제국은 세르비아에 전쟁을 선포했고, 이는 제1차 세계대전 발발로 이어진다.

합스부르크의 그 어떤 왕보다 오랜 시간 재임한 프란츠 요제프는 1916년 86세의 나이로 사망했다. 이후 즉위한 카를 1세가 1918년 모든 정부에서 사퇴하겠다는 성명서를 발표하고 공화국이 선포되며 합스부르크 왕가의 통치는 막을 내린다. 카를 1세는 스위스로 추방되었다.


【 오스트리아 제1공화국 】

베르사유와 생제르맹 조약이 체결되며 오스트리아는 700만 인구가 거주하는 가난한 게르만 국가로 전락했다. 합스부르크 왕가의 해체 이후 오스트리아는 정치적 절망과 혼란, 경제 파

탄을 겪어야 했다. 과거 농작물이 생산되던 영토의 대부분을 빼앗긴 탓에 1919년에는 많은 이들이 아사했고 심각한 인플레이션이 일어났다. 새롭게 결성된 국제평화기구, 국제연맹이 오스트리아의 경제파탄을 막기 위해 거액의 차관을 제공했지만, 결과적으로 이 때문에 오스트리아인들은 더욱 심각한 실업난과 경제적 어려움을 견뎌야 했다.

내부의 정치상황도 불안정하긴 마찬가지였다. 정계는 좌익 노선과 보수적인 우익 노선으로 나뉘어 하루가 멀다 하고 으르렁거렸다. 오스트리아는 새 시대의 새로운 역할과 기능을 찾기 위해 필사적이었지만 각기 다른 정치색을 지닌 정당들은 나라를 통합하기는커녕 갈기갈기 찢어놓고 있었다. 희생양이 필요한 시점이었다.

그리고 이 시기 오스트리아에 반유대주의가 퍼져나가기 시작했다. 특히 19세기 후반, 빈의 상황은 심각했다. 독일에서 아돌프 히틀러와 나치가 강력히 부상함에 따라, 제1차 세계대전이 끝나고 제2차 세계대전이 시작되기 전까지 오스트리아도 극심한 반유대주의를 보였다. 좌익과 우익 간의 대립은 계속 격해졌고, 폭동도 빈번하게 일어났다. 이후 오스트리아의 기독교사회당이 계속 집권했지만, 사회적 불안정과 경제 문제를 해

결하지는 못했다.

베르사유와 생제르맹 조약에 의해 오스트리아와 독일의 합병은 금지되어 있었지만 오스트리아 내부에서 이를 지지하는 목소리는 커져만 갔다. 많은 오스트리아인들이 독일을 바라보며, 독일의 국가 사회당에서 영감을 얻었다. 오스트리아에서도 나치즘 운동이 일어나면서 국내 상황은 더욱 불안정해졌다. 오스트리아의 정치인이자 가톨릭교회의 지원을 받고 있던 기독교사회당의 원수, 엥겔베르트 돌푸스는 오스트리아군과 기독교사회당의 민병대 향토방위군의 지원을 등에 업고, 나치즘 운동을 탄압하기 위해 1933년 의회를 해산하고 칙령을 내려 나라를 통치했다. 곧 쿠데타가 일어났고 정부는 사회주의 노선의 저항을 무자비하게 진압했다.

돌푸스는 기독교사회당을 제외한 모든 정당을 철폐했고, '진정한 독립국가'를 설립하고자 했다. 이를 위해 새로운 헌법을 제정했고 의회를 해체하기까지 했지만

1934년 7월 나치스당원에 의해 암살되고 만다. 돌푸스의 뒤를 이어 기독교사회당의 당수 자리에 오른 쿠르트 폰 슈슈니크는 돌푸스의 뜻을 계속 이어가려 했지만 정부는 내분으로 인해 제대로 힘을 발휘할 수 없었다. 그는 히틀러에게 침공의 빌미를 주지 않기 위해 독일에 최대한 협조하는 방식으로 나라를 지키려 했다.

1936년 슈슈니크는 독일-오스트리아 협정을 체결했지만, 대가는 컸다. 독일이 오스트리아에 독일의 외교정책에 부합하는 정책을 강요한 것이다. 또한 이 협정으로 인해 나치가 오스트리아의 주요 공직에 오를 수 있게 되었다. 슈슈니크는 이 정도에서 히틀러의 야심을 달랠 수 있길 바랐지만 상황은 그의 바람과는 반대로 흘러갔다. 히틀러가 오스트리아 내각의 주요 공직에 나치당원을 임명하길 요구한 것이다. 결국 슈슈니크는 이런 무리한 요구마저 받아들였고, 그 결과 나치 당원이었던 자이스인크바르트가 내무장관 자리에 올랐다.

## 【 오스트리아 합병 】

히틀러는 슈슈니크에게 압박을 가하기 위해 오스트리아의 나치당에 최대한 많은 문제를 일으키고 질서를 교란할 것을 명령했다. 오스트리아의 법과 질서가 무너져야, 평화를 되찾아주겠다는 핑계로 독일군이 빈에 진군할 수 있었기 때문이었다. 비록 히틀러 자신 때문에 법과 질서가 교란된 것이라 해도 말이다.

하지만 슈슈니크는 오스트리아의 독립을 필사적으로 수호하려 노력했고, 1938년에는 오스트리아의 독립유지 여부를 묻기 위한 국민투표를 실시하려고 계획했지만, 국민투표는 끝내 시행되지 못했다. 히틀러는 슈슈니크를 위협하며 그의 사임을 요구했고, 3월 12일 독일은 오스트리아를 합병했다. 아돌프 히틀러는 그렇게 빈에 입성했고, 빈의 군중은 그를 열렬한 환영으로 맞이했다. 그렇게 오스트리아는 세력을 넓혀가던 독일에게 먹혀 버렸고, 오스트리아 제1공화국은 역사의 뒤안길로 사라졌다. 당시 오스트리아의 많은 인구가 고향을 떠나 세계 각

지로 흩어졌는데, 수천 명은 불행하게도 나치에게 붙잡혀 강제 수용소에서 죽음을 맞았다.

## 【 제2차 세계대전 】

연합국(미국, 소련, 영국, 프랑스)이 전쟁에 참여하며 가진 목표 중 하나는 독립 오스트리아 재건이었다. 1943년 10월에 발표된 모스크바 선언은 오스트리아를 나치 독일의 '희생양'이라 정의하며, 오스트리아의 정치인들과 기득권층이 전쟁범죄에 그 어떤 책임도 지지 않을 수 있도록 면죄부를 주었다(62-63쪽 참조).

　1945년 4월 연합군은 나치의 손아귀에서 오스트리아를 해방시켰고, 서구 강대국들의 인정을 받은 카를 레너를 수반으로 한 임시 정부가 들어섰다. 곧 선거가 치러졌고, 연립 정부가 구성됐다.

## 【 오스트리아 제2공화국, 연합국 점령 하 오스트리아, 1945~55 】

연합국은 오스트리아를 4구역으로 나눠 신탁통치를 했고, 구소련이 점령한 구역에 속해 있던 빈 또한 다수 연합국의 분할 통치를 받았다. 1946년 2차 통제 협정이 체결되면서 오스트리아 정부는 나라 전체에 대한 재량권을 가지게 되었지만, 연합국은 군 철수나 독일의 몰수 재산 처분 등 문제에 있어서는 권한을 유지했다. 이후 오스트리아 정부는 법을 제정해 오스트리아 공직에 나치 관련 인물이 임용되는 것을 금지했지만, 1949년에는 전 나치당원일지라도 범죄기록이 없으면 총선거에 참여할 수 있도록 법을 개정했다.

여러 가지 심각한 문제에 시달리고 있었던 오스트리아 공화국의 사회적·경제적 재건을 돕기 위해 국제 원조를 통한 긴급 구호 프로그램이 제공되었다. 오스트리아의 경제는 국제 원조 아래 서서히 회복되었다. 신정부가 들어선 초기 주요 화제는 오스트리아의 독립이었다. 오스트리아 정치인들은 연합국으로부터 주권을 완전히 회복하기 위해 필사적으로 노력했다. 수년에 걸친 논의 끝에 소련은 오스트리아가 자유로운 독립국가이자 중립국가가 된다고 해도 걱정할 것은 없다는 것을 인정하게 되었다. 이에 1955년 봄, 오스트리아, 프랑스, 영국, 미국, 소련은 모스크바에서 회의를 개최하고 '오스트리아국가조약'을 체결해, 오스트리아의 독립을 승인했다. 그 대가로 오스트리아는 정치적·군사적 영세중립을 약속했다. 1955년 5월 15일, 레오폴드 피글 수상은 벨베데레 궁전 밖에 운집해 있던 군중에게 '오스트리아는 다시 자유가 되었으며 새로운 미래를 시작할 수 있게 되었다'고 선언했다.

## 【 전후 정치 】

1945년부터 1966년까지는 오스트리아의 양대 정당이었던 국민당과 사회민주당의 연립 정권이 계속되었다. 2000년 우파 정당인 국민당과 극우정당인 자유당이 연정을 수립할 때까지, 진보정당인 사회민주당은 연정에 계속 참여해왔다. 오스트리아국가조약이 체결된 후 몇 년간, 오스트리아는 정치적·경제적으로 괄목할 성장을 이뤄냈다. 석유, 철강, 전기 등 국영 산업의 성공과 은행을 엄격하게 통제한 것이 번영에 일조했다. 곧 오스트리아는 불안이란 찾아볼 수 없는 안정적인 노사관계의 모범국가가 되었다. 정부는 관광산업을 적극 육성했고, 이에 따라 관광산업은 빠르게 성장했다. 1960년 오스트리아는 유럽자유무역연합에 가입했고, 1995년에는 EU의 정회원이 되었다.

오스트리아국가조약이 체결된 후, 오스트리아 정부는 자국을 국제적 책임을 지닌 나라, 중부유럽의 경제 강국으로 포지셔닝했다. 유럽

의 공산주의가 몰락함에 따라 오스트리아는 전통적인 시장들에 다시 접근할 수 있었고 빈은 다시 한 번 지역의 경제중심지로 발돋움했다. 오스트리아 기업들과 그들이 지닌 노하우는 빠른 속도로 동쪽과 남쪽으로 퍼져나갔다.

오스트리아 정계는 항상 논란으로 시끄러운 곳이지만, 그 가운데서도 오스트리아의 국내 정치 문제가 전 세계의 걱정과 경계를 불러일으킨 적이 두 번 있었다. 그 첫째는 1986년 UN 사무총장을 역임한 정치인 쿠르트 발트하임이 대통령으로 당선되었던 때다. 당선 직후 쿠르트 발트하임이 제2차 세계대전 당시 나치군에 가담했던 사실을 숨기고 거짓말을 했다는 사실이 밝혀졌다. 국제적 비난이 쏟아지자 오스트리아인들은 분노했고, 열렬한 국수주의자들이 들고 일어났다. 오스트리아 국민 가운데서도 나치에 협력한 조국의 과거에 대해 엇갈리는 감정이 공존하고 있음이 드러나는 대목이었다.

이후 2000년 중도우파 국민당과 극우정당 자유당의 연정정권이 출범하자 전 세계가 다시 한 번 오스트리아에 우려의 눈빛을 보냈고, EU는 오스트리아에 대한 경제 재재를 거론하며 압박했다. 자유당은 지지율을 높이기 위해 EU 확대, 이민, 난민, 실업 등 오스트리아인들이 걱정하는 문제를 집중 공략해

왔다. 자유당은 지난 몇 년 동안 지지율 대폭 상승을 기록했다(51쪽 참조). 연일 지지율 하락을 기록하고 있는 두 여당의 불편한 관계는 여전히 진행 중이다.


## 현대 오스트리아인의 삶

오늘날 오스트리아는 대부분의 이웃나라보다 더 높은 생활수준과 삶의 질을 누리는 작지만 부유한 나라다. 문제라면 섬유산업과 제조업 부분을 필두로 실업률이 상대적으로 조금 높다는 것이지만, 대부분의 오스트리아인들은 낙관적으로 미래를 바라본다. 하지만 최근 정부가 현 연금의 재정 상태로는 기존의 연금 제도가 지속가능하지 않다는 것을 깨달은 후, 연금에 대한 국민들의 걱정이 커지고 있다. 제2차 세계대전 이후, 오스트리아인들은 30~40년 일을 한 뒤 퇴직하면 1년에 13차례의 연금을 받으며 생활할 수 있었다. 이 때문에 현재 55세 이상 인구는 대부분 은퇴한 상태다. 하지만 은퇴 인구 대부분이 여전히 신체 건강하여 활동적이라 경제에 부담으로 작용하고 있다. 향후 국가에서 받는 연금 수령액은 줄어들고, 정년은 높아질 확률이 매우 높다.

 오스트리아는 연방국가로 각각의 주는 지역정부와 입법부를 갖추고 있지만 빈과 그 외 주 간의 차이가 현격한 편이다. 공화국 수립 후, 빈은 전체 인구의 약 25%를 거주인구로 확보하고 다른 주 대비 압도적인 우세를 점해 왔기 때문이다. 빈은 과거의 왕정 시대의 흔적을 버리지 않고 간직해왔는데, 최근에는 왕정 시대 빈이 맡았던 역할을 재발견한 것처럼 보인다. 오스트리아가 유럽 내 국가들에 국경을 개방하고, 동쪽 이웃나라들과의 교역 기회가 열리면서 빈에 관광객들과 외국인 노동자들의 발길이 끊이지 않고 있는 것이다. 빈에서 기차를 타면

40분도 달리지 않아 슬로바키아의 수도, 브라티슬라바와 헝가리의 소프론에 도착한다. 많은 관광객과 사업가들이 이 기차를 타고 두 나라 사이를 오가고 있다. 빈에 들어선 새로운 중앙역이 기존의 작은 기차역 몇 곳을 대체하며 빈은 명실상부한 국제적인 교통 허브로 거듭났다. 공항도 확장 중이고, 금융과 보험업계도 빈에 새로운 지점을 열고 있다.

반면 빈 외 다른 주에 사는 오스트리아인은 이런 발전에 대한 만족도가 상대적으로 낮은 편이고, 미래와 외국 노동자들의 유입에 매우 회의적인 태도를 가지고 있다. 관광산업이 이들의 주 수입원인데, 최근 기후변화로 인해 일부 지역 관광업은 심각한 타격을 입었다. 특히 적설량이 줄어들면서 겨울 스포츠가 큰 타격을 입었는데, 이에 최근에는 여름 관광산업을 더욱 강조하는 추세다.

오스트리아는 한때 독실한 천주교 국가였지만 현재 천주교의 영향력은 예전에 비할 수 없이 줄어들었다. 하지만 사람들은 여전히 천주교 관련 전통과 축제, 기념일을 매우 중요하게 생각하고, 다양한 방식으로 이를 지킨다. 오스트리아 사람들에 대해 이야기하면 공식 또는 비공식적인 모임도 빼놓을 수가 없을 것이다. 이런 모임에서 각자 데리고 온 친구들과 함께 어울리는 것도 오스트리아인들의 큰 특징 중 하나이다.


## **오스트리아의** 도시

합스부르크 제국의 수도였던 빈은 언제나 오스트리아인들이 가장 사랑하고 중요하게 생각하는 도시였다. 도시의 수많은 아름다운 건축물과 멋진 도시 설계, 박물관, 궁전, 콘서트홀, 오페라하우스 덕분에 빈은 세계적인 문화 중심지가 될 수 있었다.

국제적인 기준에서 본다면 다른 오스트리아 도시들은 그저 큰 마을 정도에 지나지 않겠지만, 그중에는 보석 같은 곳들이 있다. 모차르트의 고향, 잘츠부르크는 알프스 밑에 위치해 아름다운 절경을 자랑하는 바로크 도시다. 부르주아 색채가 강한 보수적인 오스트리아 도시, 잘츠부르크는 상류문화와 상류사회의 도시기도 하다.

인스부르크는 오스트리아의 도시 중 산 가운데 위치한 유일한 도시다. 중요한 무역 중심지로 역사적으로도 중요한 의미를 가지고 있다.

인스부르크에서 더 서쪽으로 가면 보덴호 부근에 브레겐츠가 있다. 브레겐츠는 포어아를베르크주의 주도로, 분주하고 활기 넘치는 사업과 문화의 도시다.

그라츠는 오스트리아 제2의 도시다. 오스트리아 남쪽 무르 강변에 위치해 있으며 남쪽에서 알프스로 가는 관문이기도 하다. 관광객들이 많이 찾는 도시는 아니지만, 나지막한 언덕들이 편안하고 매력적인 곳이다. 과거에는 빈과 어깨를 나란히 하기도 했으며, 유명한 몇몇 귀족 가문을 배출했다.

클라겐푸르트는 케른텐주의 주도로 작지만 흥미로운 도시다. 슬로베니아와 국경을 접하고 있고 뵈르터제 호수가에 위치해 있다.

린츠는 오스트리아에서 관광객이 가장 적게 방문하는 도시다. 산업이 발달한 도시로, 고유의 지방색이 아주 강하다. 다뉴브강을 따라 국제적인 화학 및 철강 회사들과 부두가 늘어서있다.

아이젠슈타트는 부르겐란트주의 주도로, 1만 1,000명의 인구가 살고 있는 작은 도시다. 역사적인 헝가리의 후작 가문, 에스테르하지가의 고향이자 그들이 고용했던 음악가 중 가장 유명했던 요제프 하이든이 궁정악장으로 활동했던 도시로도 유명하다. 과거의 모습이 잘 보존된 유대인 거주지역도 있다.


## **오스트리아와** 유대인

오스트리아계 유대인을 빼놓고 오스트리아에 대해 이야기하기란 불가능할 것이다. 유럽에서 반유대주의 정서는 기독교가 유럽에 들어오면서부터 시작됐다. 15세기 초반 오스트리아는 영국과 스페인의 선례를 따라 영내 모든 유대인을 추방했다. 하지만 마리아 테레지아의 재위 시기가 되자 빈에는 러시아와 폴란드에서 왔거나, 오스트리아의 동쪽이나 남쪽에서 들어온 오스만 제국의 침입자들과 함께 들어온 유대인들이 있었다. 마리아 테레지아는 빈과 그 교외 지역에서 유대인을 추방하라는 명령을 내렸지만, 여제의 아들, 요제프는 금지령을 부분적으로 폐지하고, 유대인들이 수도 근교의 마을에 정착할 수 있도록 했다. 지금도 빈에서 50~80km 반경 안에는 유대인공동체와 묘지 등 그들의 흔적을 적지 않게 찾아볼 수 있다.

1848년 혁명이 일어난 후, 프란츠 요제프 황제는 내부적으로 많은 개혁을 감행했고, 유대인들이 빈에 들어와 살 수 있게 허락했다. 20세기 초반이 되자 수도 빈에 정착해 거주하는 유대인 인구는 18만 5,000명이 넘게 되었다. 대학 내 유대인 학생들이 차지하는 비중도 토착 오스트리아인의 비중을 훨씬 뛰어넘었고, 빈의 1인당 유대인 교사, 변호사, 의사 수도 유럽의 다른 도시 수준을 훌쩍 뛰어넘었다.

하지만 19세기 후반, 반유대주의가 다시 한 번 기승을 부리기 시작했다. 빈에서는 오스트리아 토착민들이 무리를 지어 유대인들을 공격하는 일이 빈번히 일어났고, 당시 빈의 시장이었던 기독교사회당의 칼 뤼거를 비롯한 몇몇 정치인들은 이러한 행위를 장려하기까지 했다. 제1차 세계대전이 끝나고 찾아온 경기 불황과 어려움 속에서 오스트리아 국수주의자들은 편리하게 이용할 수 있는 희생양으로 유대인을 선택했다. 물론 나치당의 정치인들도 여기 일조했다.

## 【 수정의 밤 】

오스트리아가 독일과 합병된 이후, 오스트리아에 살던 유대인들은 점점 더 심각한 차별과 괴롭힘에 시달렸다. 그러던 가운데 1938년 11월 10일 수정의 밤 사건이 일어났다. 유대인 차별에 항의하는 요제프 괴벨스라는 이름의 유대인 소년이 독일 외교관을 살해한 사건을 기화로 히틀러 정권은 집단학살을 통해 제3제국에서 모든 유대인을 없애버리자는 전국적 선전을 개시했다. 이에 따라 독일의 특공부 대원들과 무장 친위대 SS, 히틀러 유겐트 등이 유대인 상점에 대대적인 방화와 약탈을 자행해 수백 명의 유대인이 사상했고 막대한 재산상의 피해가 발생했다. (당시 깨진 유대인 상점의 유리창 파편들이 반짝거리며 거리를 가득 메웠다고 해서 '수정의 밤' 사건으로 불린다.) 당시 많은 유대인들이 탈출을 감행했다. 미처 탈출하지 못하고 남겨진 이들은 더욱 혹독한 박해를 받다가 결국 중부유럽이나 동유럽에 위치했던 강제수용소나 죽음의 캠프로 끌려가 죽음을 맞았다. 전쟁

전 오스트리아에는 약 8만 명의 유대인이 거주하고 있었는데 이중 6만 5,000명이 홀로코스트에서 사망한 것으로 추정된다.

오스트리아가 이런 역사에 대해 사과하기까지는 오랜 시간이 걸렸다. 1990년대 후반에 들어서야, 수상 프란츠 브라니츠키가 전쟁 중 유대인을 대상으로 자행됐던 범죄에 대한 오스트리아의 책임을 공개적으로 인정하고 사과한 것이다. 놀랍게도 홀로코스트 가운데 살아남은 많은 빈 출신 유대인들은 참혹한 일을 겪었음에도 불구하고 자신의 고향에 여전한 애정을 보이고 있다. 엄청난 박해를 받고 많은 것을 잃었음에도 불구하고 많은 이들이 전쟁이 끝난 뒤 빈으로 돌아왔고, 완전히 돌아오지 않은 자들도 자주 빈을 찾아 그리움을 달랜다.

유대인은 오스트리아 전역, 특히 빈에 풍부한 유산을 남겼다. 특히 과학, 의학, 법률, 연극, 예술, 음악, 출판에 혁혁한 공을 세웠다.

## 현대 정부

오스트리아는 9개 주로 이뤄진 연방 공화국이다.

헌법은 1922년 제정하여, 1929년 개정했다. 국가원수는 대통령으로, 국민들이 6년에 한 번씩 국민투표를 통해 직접 선출한다. 대통령 선거는 2차에 걸쳐 치러진다. 만약 1차 선거에서 과반표를 획득한 후보가 없는 경우, 1차 선거의 다득표자 두 명이 다시 2차 선거에서 맞붙는다.

지난 2016년 4월 24일 있었던 1차 대통령 선거에서는 과반표를 획득한 후보가 나오지 않아, 2016년 5월 22일 2차 투표가 열렸다. 녹색당의 알렉산더 판데어벨렌 후보와 자유당의 노르베르트 호퍼가 경쟁한 이 2차 투표에서 알렉산더 판데어벨렌 후보가 승리했지만 자유당 측이 부정 선거 의혹을 들어

선거에 불복하고 나섰고, 2016년 12월 4일 재투표가 실시됐다.

하지만 재투표에서도 판데어벨렌 후보는 53.8%의 득표율을 기록하며 다시 한 번 승리했다. 호퍼 후보는 투표가 종료된 뒤 곧

패배를 인정했다.

연방의회는 국민의회라는 이름의 하원(국민투표로 선출되는 4년 임기의 183명 의원으로 구성)과 연방의회라는 이름의 상원(각 주를 대표하는 62명 의원으로 구성, 인구에 비례해 의석이 제공되며 각 주는 최소 3명의 대표를 보유. 임기는 5~6년)으로 구성된다.

| 주 | 주도 |
| --- | --- |
| 부르겐란트주 | 아이젠스타트 |
| 케른텐주 | 클라겐푸르트 |
| 니더쉐스터라이히주 | 장크트푈텐 |
| 오버외스터라이히주 | 린츠 |
| 잘츠부르크주 | 잘츠부르크 |
| 스티리아(슈타이어마르크)주 | 그라츠 |
| 티롤주 | 인스브루크 |
| 포알베르크주 | 브레겐츠 |
| 빈 | 빈(비엔나) |

오스트리아는 다당 민주주의를 채택하고 있다. 정당이 선거에서 5%의 득표율을 기록하면, 하원 의석을 차지할 수 있다. 주요 정당은 다음과 같다.

### 국민당(ÖVP, 중도우파)
국민당은 당의 노선이나 지지층의 인구통계적 특성 측면에서 독일의 기독교민주연합과 상당히 유사하다. 국민당은 1945년 오스트리아 연방공화국의 재건 직후 창당되었으며, 오스트리아 정치에서 줄곧 중요한 역할을 담당해왔다.

### 사회민주당(SPÖ, 중도좌파)

사회민주당은 오스트리아에서 가장 오랜 역사를 가진 정당 중 하나로, 오스트리아의 주요 정당이며 노조와 오스트리아 노동회의소와 강력한 유대관계를 가지고 있다.

### 녹색당(좌파)

녹색당은 1986년 창당했다. 환경보호 등 생태 문제뿐 아니라 사회적 소수자 인권보호와 사회생태적 세금 개혁을 주창하고 있다. '직접 민주주의, 비폭력, 생태학, 연대, 페미니즘, 자기 결정권'을 기본 신념으로 한다. 녹색당이 다루는 대다수 이슈들은 특히 젊은층, 도시 시민, 교육수준이 높은 유권자들의 호응을 얻고 있다.

### 자유당(FPÖ)

자유당은 1955년, 독일 독립연합의 후계자를 자처하며 창당한

포퓰리스트 정당이다. 지난 투표 결과에 따르면 젊은 층과 노동자층의 지지를 받고 있다. 국수주의적이고 EU 확대에 회의적인 정치 슬로건을 가지고 있으며 무슬림과 이민자, EU에 반대한다. 1986년 외르크 하이더가 당수 자리에 오른 이후 꾸준히 지지층을 넓혀왔고, 1999년 선거에서는 사상 최고의 27% 득표율을 기록했다. 자유당은 이제까지 1983~87, 2003~2007년에 걸쳐 연정에 두 번 참여했다. 2013년 선거에서는 20.51% 득표율을 기록했다. 2016년 1차 대통령선거에서는 기대를 뛰어넘는 선전을 보였으나, 2차 선거에서 패배했다(51쪽 참조).

## 신오스트리아당(NEOS)

신오스트리아당은 직접 민주주의를 지지하는 자유주의 성향의 정당으로, 2012년 10월 창당되었다. 2013년 총선거에서 4.96%의 득표율을 기록했고, 9명의 하원의원을 배출했다. 재산세 인상과 정당의 자금 모집에 반대한다.

## 합의정치와 경제

1945년 이후 시행된 합의정치는 오스트리아의 경제와 안정 회복에 중요한 역할을 했다. 이제까지 오스트리아 정부는 연정으로 꾸려져 왔으며, 중재와 타협의 전통은 21세기까지 계속해서 이어져 내려오고 있다.

이런 정치를 바탕으로 오스트리아는 시장경제를 높은 수준으로 발달시킬 수 있었고 국민들은 높은 생활수준을 누릴 수 있게 되었다. 제품 및 서비스 수출이 GDP의 40% 이상을 차지할 만큼 오스트리아의 경제는 주변 EU 회원국들, 특히 독일에 의존도가 높은 편이다. EU에 가입한 뒤로는 단일 유럽시장으로의 접근성을 눈여겨본 외국인투자가 대폭 증가했다.

주요 산업 및 수출품으로는 철, 강철, 목재, 기계, 섬유, 화학, 전기, 종이, 펄프, 관광, 광업, 자동차 등을 들 수 있고, 수력 발전 관련 장비도 주력 수출품 중 하나다.

현대 오스트리아는 제1차 세계대전이 종식된 직후와는 전혀 다른 모습이다. 특히 오스트리아 농업은 풍부한 생산력으로 자급자족이 가능한 정도이며, 오스트리아는 유럽 내 유기농이 가장 발달한 국가 중 하나다.

## 【 유로존 】

오스트리아는 EU와 유로존의 회원국으로서 기존의 화폐단위 쉴링을 폐기하고 유로를 도입했다.

중부유럽의 산업 중심인 오스트리아는 과거 공산주의 국가였던 이웃국가에 막대한 자금을 투자하며, 새 시대의 새 역할을 담당하고 있다. 또 한편으로는 UN과 OPEC 본부가 위치한 빈을 국제적인 비즈니스 중심지로 적극 홍보하고 있다. 오스트리아는 중부유럽 국가들, 특히 신규 회원국과의 치열한 경쟁에서 우위를 선점하기 위해 지식기반 경제 섹터에 집중하고 있다. 하지만 인구 노령화와 이에 따른 높은 의료비와 연금 등 문제는 향후 세금과 복지 정책에 큰 부담으로 작용할 것으로 예상된다. 청년 실업도 심각한 사회문제로 대두했다.

오스트리아는 그 찬란한 과거의 경험을 바탕으로 유럽의 중심부에서 중요한 역할을 담당하고 있고, 현대 유럽의 문화 발전에 큰 기여를 하고 있다. 오스트리아의 전통인 '타협'은 정치, 사회 경제, 문화 협상에서 유럽, 나아가 전 세계가 참고해야 할 본보기다.

## 02

# 가치관과
# 사고방식

오스트리아 사람들은 같은 독일어를 쓰는 독일이나 스위스 국민과는 매우 다른 특징을 가지고 있다. 오늘날 오스트리아 사람들은 상대적으로 열린 마음과 여유 있는 자세를 가지고 있다. 또한 질서 정연한 사회를 구축하기 위해 규칙은 필수라는 것을 잘 인지하고 있고, 그에 따라 규칙을 가치 있게 여기고 이를 철저히 준수한다.

오스트리아 사람들은 같은 독일어를 쓰는 독일이나 스위스 국민과는 매우 다른 특징을 가지고 있다. 인접한 여러 국가들의 영향을 받았지만 그들과는 전혀 다른 역사의 영향을 받아, 오늘날 오스트리아 사람들은 상대적으로 열린 마음과 여유 있는 자세를 가지게 되었다. 개방적인 태도를 가지고 있다고는 해도 오스트리아는 여전히 체계적이고 잘 정돈된 나라다. 오스트리아 사람들은 질서 정연한 사회를 구축하기 위해 규칙은 필수라는 것을 잘 인지하고 있고, 그에 따라 규칙을 가치 있게 여기고 이를 철저히 준수한다.

## 새로운 정체성

오늘날 오스트리아는 과거 방대한 영토를 자랑했던 제국 중 독일어를 썼던 지역만으로 구성되어 있다. 세계무대에서 독일보다 더 열등한 나라로 보이길 원치 않았던 오스트리아는 20세기 들어 대부분 시간을 새로운 정체성을 찾는 데 투자했다. 그럼에도 오스트리아 사람들은 자신을 오스트리아 사람이 아닌, 자신의 고향, 즉 케른텐 사람, 스티리아 사람, 티롤 사람으로 여기는 경우가 많다. 제1차 세계대전이 끝난 뒤 잘츠부르크 사람들은 독일에 편입되고 싶다는 바람을 표현했고, 제2차 세계대전이 끝난 다음에는 포알베르크주 사람들이 스위스 편입을 추진하는 등 오스트리아의 국가 정체성은 확실하지 않았다.

하지만 EU에 가입한 뒤 대부분의 오스트리아 사람들은 오스트리아인이라는 정체성에 만족하고 있다. 특히 동유럽의 공산주의 국가들이 몰락한 뒤 이런 자신감은 한층 높아졌다. 현재 오스트리아와 과거 공산주의 국가들에 속했던 지역 및 국가와의 관계는 역사상 최고 수준으로 개선되었다. 오스트리아와 슬로바키아, 체코, 헝가리, 크로아티아의 사업 및 사회적 교류는 나날이 증가하고 있다. 빈의 오래된 건물들은 과거의 영화를 되찾은 모습으로 복원되었고, 빈은 강력한 비즈니스 커뮤니티를 바탕으로 중부유럽 비즈니스의 중심으로 재도약할 수 있었다. 오스트리아는 오스트리아국가조약 체결 50주년을 분수령으로, 미래를 향해 힘차게 나아가고 있다.

최근 외국인이 대거 유입되면서 오스트리아는 다양한 전통과 문화에 노출된 다문화 사회로 다시 한 번 변신했다. 하지만 도시를 조금만 벗어나면 맹목적 애국심의 국수주의 정서를 쉽게 확인할 수 있다. 슬로베니아와 가까워 많은 슬로베니아인들이 살고 있는 카란티아는 슬로베니아인 공동체를 대상으로 한 쇼비니즘으로 악명이 높다. 오스트리아인들은 동구권에서 유입되는 이민자들은 큰 목소리로 반대하지만, 노인과 병자를 돌볼 '불법' 간병인은 기꺼이 고용하는 모순을 보인다.

## 【 애국심 】

오스트리아인들은 자신의 출신지, 혹은 고향에 큰 애정을 가지고 있다. 자신이 고향을 그토록 사랑하는지 모르는 사람도, 외국에 나가면 그 마음을 깨닫고 인정하게 된다. 빈 특산품인 헤이즐넛 웨이퍼나 오스트리아의 탄산음료 암두들러 이야기만 꺼내도 오스트리아인들은 향수에 눈시울을 적신다. 빈 지역의 음악이나 알프스 산에서 불리는 포크송을 들으면 감정을 주체하지 못하는 사람들도 있다.

오스트리아인들의 전형적인 성격은 좀 복잡하다. 언뜻 보기에는 태평하고 유쾌해 보이고, 친절한 사람들처럼 보인다. 이들은 매력적이고, 타협과 중재에 능하며, 대체적으로 정직하기까지 하다. 수준 높은 고등교육을 받았고, 다양한 주제에 대한 대화를 유머를 섞어 이끌어가며, 멋진 스타일까지 갖추고 있다. 하지만 이런 세련된 껍데기 아래 이따금씩 밖으로 표출되

는 좌절과 분노가 숨어 있다. 많은 오스트리아인들이 뿌리 깊은 외국인 혐오증을 극복하지 못하고 있다. 이는 그들의 영광스러운 제국 역사에서 비롯된 우월감에서 온 것일 수도, 전독 일주의적 문화 성취에서 온 자존심에서 비롯된 것일 수도 있을 것이다.

## 【 과거를 받아들이기까지 】

오스트리아는 이웃나라 독일보다 한참 늦게야 제2차 세계대전 중 자신들이 저지른 과오를 인정했다. 역사책들은 1933-45년 기간의 역사를 제대로 다루지 않고 공백처럼 처리했고, 정치인들과 관료들은 연합국이 오스트리아를 나치 독일의 첫 희생양이라 선언한 1945년 포츠담 선언을 방패삼아 자국의 잘못을 회피했다. 하지만 이 선언 내용은 사실과는 큰 괴리가 있다. 오스트리아인들은 히틀러를 두 팔 벌려 환영했고, 대부분의 사람들은 제3제국의 목표를 열성적으로 지지했다. 나치당원도 많았다. 전후, '비나치화'도 제대로 진행되지 않아, 나치를 지지하던 많은 공직자들과 정치인들이 가면만 바꿔 쓰고 계속 권력을 누렸다. 오스트리아 공화국이 나치의 희생양에게 공식적으로 사과하기까지는 장장 50년이라는 세월이 걸렸다.

최근 오스트리아에서는 과거에 대해 속죄하고자 하는 노력이 늘어나고 있다. 다수의 학교가 홀로코스트 생존자들을 초청해 학생과의 간담회를 열었고, 2003년에는 오스트리아의 모든 학교에서 홀로코스트 희생자의 운명을 받아들이고 조사하자는 취지의 '별들에게 편지를'이라는 캠페인이 진행되기도 했다. 그 결과 빈에 1만 5,000여 명의 학생들이 운집했고, 관련 책이 출판되는 결실이 맺어졌다.

몇몇 소도시는 홀로코스트의 희생자들이 남긴 공헌을 공식적으로 인정하고 있고, 과거 유대인들이 거주했던 곳의 보도에 작은 기념 청동명판을 설치하는 '슈톨퍼쉬타인stolpersteine'이라는 제목의 프로젝트도 진행되고 있다. 희생자들의 친인척은 이런 노력을 많은 세월이 지난 후에야 희생자들을 인정하고 수용하는 의미로 해석해, 크게 고마워하고 있다는 전언이다.

## 삶의 질

오스트리아 사람들은 다른 나라 사람들이 부러워할 만한 높은 삶의 질을 누리고 있고, 어느 면에서 자신들이 더 나은 삶을 누리고 있는지 스스로 잘 알고 있다. 아름다운 풍경에 둘러싸여 사는 이들은 환경을 소중하게 생각해 환경보호를 위해 노력한다. 물가수준도 다른 유럽 도시에 비해 그렇게 높지 않아, 보통 편안하고 안락한 삶을 누린다. 휴가철이면 후한 휴가수당이 나와 여유롭게 휴가를 즐기고, 일과 사생활의 균형

을 잘 유지되는 편이다. 오스트리아 사람들은 좋은 식재료를 섭취하고, 상당한 양의 운동을 하여 건강을 유지한다. 야외 활동을 즐겨 몇 시간이고 산이나 들판을 따라 걷거나 자전거를 타기도 하며, 운동이 끝난 뒤에는 시골이나 호숫가에 위치한 레스토랑이나 간이식당에서 맛있는 식사를 즐긴다.

현대적이고 우아한 주택, 좋은 자동차, 멋진 옷, 최고급 음식은 모두 높은 사회적 지위를 나타낸다. 때문에 오스트리아 사람들은 몇 년이 걸릴지라도 자가를 건축하는 것을 아주 중요하게 생각한다.

## **비판과** 순응

국내의 정치적·사회적 변화에 대해 얼마나 불안과 절망감을 느끼든, 오스트리아 사람들은 현실에 순응한다. 가정, 학교, 일터, 지방 정부 및 중앙 정부 어디서든 사람들은 정부 당국을 비판하지만, 결국은 현실을 수용한다. 오스트리아 사람들은 새로운 것보다는 이미 시도해봤고 검증된 익숙한 것들을 선호한다. 이들은 예로부터 전해 내려오는 전통과 신념이 마음속 깊이 뿌리박혀 있는, 태생적으로 보수적인 사람들이다. 하지만 물질만능주의의 영향이 커지면서 이런 전통과 신념들도 점차 약해지고 있다. 어쩌면 미래에는 관광의 목적이 아닌 전통은 모두 없어질지도 모를 일이다.

오스트리아 사람들의 일상에서 비판은 큰 부분을 차지한다. 사람들은 현 상황과 새로운 정부에 대해 불평과 불만을 쏟아놓고, 친구와 가족과는 EU의 이상한 법과 나라의 느슨한 이민법, 조직범죄의 증가에 대해 조롱을 늘어놓는다. 하지만 딱 거기까지다. 오스트리아 사람들이 진정 반항하는 유일한 공간은 바로 자동차 안인 것 같다. 운전석에만 앉으면 평소 고분고분한 오스트리아인이 갑자기 무자비한 괴물로 변신하는 것을 볼 수 있을 것이다.

## 【 비판적 사고 】

오스트리아 사람들은 분란을 좋아하지 않지만, 뿌리 깊은 비판적 사고의 전통을 가지고 있다. 이들은 풍자와 정부 당국의 기반을 약화시키는 일을 즐기며, 종종 이를 문학을 통해 표현한다. 1848년까지 빈은 이런 문학 작품을 엄격히 검열했지만  당시 극작가들과 시인들은 이러한 규칙과 규제에 정면으로 도전했다. 극작가 요한 네스트로이와 프란츠 그릴파르처는 사회를 강도 높게 비판하는 작품을 쓰고 공연하며, 겉으로 드러나지 않는 방식으로 검열을 공격했다. 합스부르크 왕국 초반의 작가였던 카를 크라우스와 아르투어 슈니츨러도 정부와 대중의 여론 모두에 비판적 태도를 견지하며, 사회의 가치와 교회의 가르침에 공개적으로 이의를 제기했다.

20세기 초반, 빈에서는 급진주의가 생겨났고, 철학이 획기적으로 발전했다. 레닌과 트로츠키가 빈에서 머무르며 사상을

발전시켰고, 프로이트와 융, 아들러
가 커피숍에서 만나 담소를 나누고
대학에서 학생들을 가르쳤다. 토마
스 베른하르트, 잉게보르크 바하만,
엘프리데 옐리네크 등 전후 사상가
와 작가들은 전통 가치관과 견해에

도전하는 오스트리아의 전통을 이어 나갔다.

신기하게도 많은 오스트리아 시인들과 극작가들은 정부 부
문에서 안정적으로 일하며 창의력과 비판적 글쓰기의 재능을
발휘했다. 오스트리아의 유명 극작가인 프란츠 그릴파르처는
'오스트리아 사람들은 위험하면서도 위대한 사람들이다'라고
썼다.


## **이웃을** 대하는 태도

오스트리아는 다양한 나라와 인접해 있으며, 이 중에는 과거
합스부르크 제국의 영토였던 곳도 있다. 과거에는 이런 국가들
과 갈등을 겪기도 했다. 일례로 바이에른과 오스트리아는 오

랜 시간 동안 전쟁을 벌였다. 과거 합스부르크 제국이 방대한 영토를 점령하면서, 각 지역 주민 간의 갈등이 일어나기도 했다. 1950년과 60년대에는 남티롤(알토 아디제) 문제를 두고 이탈리아와 갈등을 겪었다. 남티롤은 독일어를 사용하는 다수민족이 밀집되어 있는 옛 오스트리아령이있는데 세1차 세계대전이 끝난 후 이탈리아에게 이양되었다. 제2차 세계대전 후 남티롤은 독일어를 사용하는 자치령이 되었으나, 이 합의가 잘 지켜지지 않자 두 나라 사이의 갈등이 불거졌다. 더 최근에는 오스트리아 국경 근처에 위치한 체코의 테멜린 원자력 발전소를 두고 체코와 갈등을 빚기도 했다. 하지만 과거와는 달리 오늘날 오스트리아는 이웃국가들과 좋은 관계를 유지하고 있다.

과거부터 현재까지 오스트리아인들은 빈과 그 근방 출신의 예술가, 작가, 작곡가를 예로 들어 자신을 독일 문화의 투사이자 수호자로 여겼고, 자국에 비하면 이웃나라는 무식한 나라일 뿐이라고 생각해왔다. 현대에 들어와서는 겨울 스포츠에 사활을 걸고 있다. 특히 오스트리아의 스키선수들은 스위스, 독일, 이탈리아 선수들에 비해 우수한 성적을 내며 자국의 우월성을 뽐낸다. 독일에 대해서는 문화적 우월감을 가지고 있으면서도 그들을 선망하는 이중적 태도를 보인다. 오스트리아의

미디어는 독일의 TV를 비롯한 다양한 미디어가 지배하다시피 하고 있어, 양국 간의 관계를 잘 보여준다.

하지만 다른 유럽국가와 비슷한 문제와 어려움을 겪으면서도 과거 세대보다 더 여유 있고 세계적인 태도를 지닌 젊은 세대가 부상하면서 과거의 갈등과 다름도 점차 사라지고 있는 추세다.


## 지위

안정성과 체제 순응을 중시하는 오스트리아인들은 때로 향수라는 미명 아래 각각의 사회 계층이 명확하게 정의되었던 합스부르크 제국의 계급 사회를 그리워하기도 한다. 오스트리아 사회는 직함과 타이틀에 병적으로 집착한다. 직함은 자신의 지위를 자랑하고 나아가 자신의 이익에 도움이 될 사람에게 아첨하는 수단으로 매우 중요하게 사용된다. 오스트리아를 방문한 외국인이 직함의 중요성을 무시한다면, 이는 매우 위험한 행동이다. 한 산업계를 이끄는 전설적인 인물이라도 사람들에게 진지하게 인정을 받으려면 그에 합당한 직함을 가지고 있어야 한다.

오스트리아 사회는 모든 영역에서 직함을 사용한다. 예를 들어 박사학위를 소지한 사람은 집 문 앞 명패에 '스미스 박사'라고 쓰고, 공인 엔지니어라면 '공인 엔지니어 아무개'라고 쓰는 식이다. 건축업자나 제빵업자도 '주인' 혹은 '선생님'이라는 직함을 붙인다. 직함은 레스토랑이나 호텔을 예약할 때 도움이 된다. 특히 구하기 힘든 연극이나 오페라 티켓을 예약하려고 할 때 매우 큰 힘을 발휘하는 것을 경험할 수 있을 것이다.

## 부와 성공에 대한 태도

오스트리아는 유럽 내에서도 부유한 국가에 속한다. 오스트리아인들은 자신이 누리고 있는 지위와 가진 것들에 자부심을 느낀다. 부와 성공에 대해서는 좋게 말해 애증이 섞인 태도를 가지고 있다고 할 수 있을 것이다. 오스트리아 사람들은 다른 사람의 부와 성공을 크게 부러워하고 선망하며 그들과 어깨를 나란히 하기 위해 노력한다. 누군가 집을 보수공사하거나 새 차를 구입하면 그의 친구, 이웃, 동료들은 '돈을 얼마나 썼어?'

혹은 '어떤 할인을 받았어?' 같은 아주 사적인 질문들을 퍼부으며 심문에 들어간다.

오스트리아는 사회적 지위와 직함에 집착하는 면이 있지만, 전반적으로는 실력과 능력을 바탕으로 성공할 수 있는 사회다. 하지만 사람들은 성공에 회의적이다. "저 사람 빽이 누구래?" 하는 질문을 흔히 들을 수 있는데, 일부 정부부문 및 민간부문의 일자리는 정치적 후원자에게만 기회가 주어지는 상황을 감안하면 딱히 잘못된 질문도 아니다. 정당에 가입해 당원이 되는 것은 승진의 발판이 될 수 있다. 공무원이 정치인이 되기도 하고, 반대로 정치인이 공무원이 되기도 하는데, 이런 모호한 역할의 구분으로 인해 부패가 일어나기도 한다.


## 절약정신

오스트리아인들의 절약정신은 철두철미하다. 형편없는 이자율에도 불구하고 거의 모든 사람이 저축예금을 가지고 있는 것만 봐도 알 수 있다. EU의 규제로 인해 이런 형태의 저축을 관리하는 방법도 변화하고 있지만, 저축은 여전히 오스트리아인이 삶을 살아가는 중요한 방식이다. 사람들은 성실하게 일하고, 일의 대가로 받은 보수를 다 쓰지 않고 차곡차곡 쌓아놓는다. 경제적으로 어려웠던 과거와 20세기 초반을 아직 기억하고 있기 때문이다. 또 같은 이유로 미래에 대해 마냥 낙관적이지만은 않다. 앞으로 상황은 언제든지 악화될 수 있고, 그런 상황에 대비해야 한다는 것이 일반적인 생각이다. 정부에서 은퇴자들에게 이전처럼 후한 연금을 제공할 수 없다는 것을 깨닫고 연금 개혁에 나서면서, 이런 위기는 은퇴 뒤에 찾아올 확률이 커졌다.

## 의무

오스트리아 사람들에게 의무를 다하는 것은 삶의 중요한 부분이지만, 독일인들처럼 철저하게 의무를 지키지는 않는다. 독일의 공원에 '잔디 위를 걷는 것은 엄격하게 금지되어 있습니다'라는 표지판이 서 있다면 오스트리아에는 '잔디밭에 올라가지 마시오' 정도의 표지판이 서 있는 것으로 비유할 수 있을 것이다. 공동체로서 갖는 공동의 책임도 있어서 사람들은 아파트 내 공용 복도나 계단을 청소하고 건물 앞 낙엽을 쓸고 눈을 청소한다. 오스트리아에서는 '당신이 대우받고 싶은 대로 다른 사람을 대하라'라는 말이 철저하게 적용된다. 이웃에게 피해를 끼치지 않을 수 있도록 토요일이나 일요일 오후에는 잔디를 깎거나 차를 수리하지 말라.

## 노동관

오스트리아 사람들은 근면성실하고, 효율적이며 믿을 만한 일꾼이다. 이들은 아침 일찍, 종종 공식 출근 시간보다도 더 일찍 일과를 시작해 일찍 퇴근한다. 자신에게 기대되는 일과 계약서상 명시된 일을 충실히 수행하고, 시간 낭비는 최소화한다. 야근하거나 퇴근 후 집에서도 일하는 사람은 비효율적으로 일하는 사람으로 간주되며, 좀처럼 보기가 어렵다.

## 공과 사

공과 사는 철저히 구분되고, 이러한 구분은 중요하게 여겨진
다. 오스트리아 사람들은 가정생활과 휴식 시간을 중요하게
생각하고, 이를 사적인 영역이라 여겨 직장에서는 절대 이에

### • 공과 사는 철저하게 •

빈의 유명한 과학연구센터에서 관리자로 일하고 있던 한 남자가 딸의 설득에,
높은 인기를 끌고 있다는 모던 재즈 그룹의 공연에 가게 되었다. 공연장에 도
착한 부녀는 무대 바로 옆의 테이블에 자리를 잡고 앉았다. 이미 공연은 시작
되어 밴드의 연주는 한창 진행 중이었다. 그리고 무대를 본 아버지는 깜짝 놀
라고 말았다. 자신이 속한 연구부서의 대표가 밴드의 리드 기타로 연주하고
있었던 것이다. 이제까지 상사가 직장 밖에서 뮤지션의 삶을 살고 있을 것이
라고는 상상해본 적도 없었다. 나중에 알아보니, 상사는 젊은 시절 헤비록 그
룹에서 기타를 연주하며 여러 장의 앨범을 발표했던 이력을 가지고 있었다.
이 우연한 만남은 두 남자에게 당혹 그 자체였고, 둘은 이후 일터에서 이 일에
관해 일언반구도 하지 않았다고 한다.

대해 논하지 않는다. 마찬가지로 집에 와서 일이나 일에 관련된 문제를 이야기하는 경우는 거의 없다. 직장 동료는 그저 직장 동료일 뿐이다. 직장 동료끼리 직장이 아닌 다른 곳에서 만난다면, 일 이야기는 하지 않는다. 또한 마치 그런 규칙이 있기라도 한 것처럼 상사와 부하직원은 서로 어울리지 않는다.

# 03

## 풍습과 전통

오스트리아인들에게 전통은 매우 중요한 의미를 갖는다. 각 지역은 고유의 방언과 전통 의복 등을 통해 지역 정체성을 유지한다. 전통의상은 보통 특별한 날에만 입지만, 일부 시골 지역에서는 일상생활에서도 이 복장을 고수한다. 모든 소도시에는 자체 브라스 밴드가 있을 만큼 음악은 생활의 중요한 부분을 차지한다. 지역 축제나 기념일, 결혼식, 장례식이 열리면 지역의 브라스 밴드가 음악을 연주하는 모습을 쉽게 볼 수 있다.

놀랍고 고무적이게도, 오늘날까지도 오스트리아의 전 지역은 지역별 전통을 잘 지켜오고 있다. 오스트리아에는 아주 오래 전부터 전해 내려온 비기독교적 의식과 독실한 기독교 축제가 어우러져, 많은 소도시와 마을에 활기와 개성을 더해주고 있다. 오스트리아인들에게 전통은 매우 중요한 의미를 갖는다. 각 지역은 고유의 방언과 전통 의복 등을 통해 지역 정체성을 유지한다. 남자들은 전통의상으로 무릎 아래서 여미게 되어 있는 가죽 반바지와 회색이나 녹색 로덴 재킷을 입고, 여자들은 상체에 타이트하게 달라붙으면서 깊게 파인 보디스와 주름을 많이 잡은 스커트, 레이스가 달린 블라우스에 앞치마를 두

른 옷을 입는다. 이런 전통 의상은 보통 특별한 날에만 입지만, 일부 시골 지역에서는 일상생활에서도 이 복장을 고수한다. 모든 소도시에는 자체 브라스 밴드가 있을 만큼 음악은 생활의 중요한 부분을 차지한다. 지역 축제나 기념일, 결혼식, 장례

식이 열리면 지역의 브라스 밴드가 음악을 연주하는 모습을
쉽게 볼 수 있다.

## 종교

오스트리아에는 국교가 없지만 국민의 88%는 기독교인, 그
중 78%는 천주교도들이다. 하지만 날이 갈수록 종교가 없는
사람들이 늘고 있는데, 이는 오스트리아의 공식 종교단체에
가입되어 있는 경우, 개인 연봉의 약 1%에 해당하는 교회세를
나라에 납부해 교회의 재
정을 뒷받침하기 때문이다.
많은 사람들이 이 세금을
피하기 위해 자신이 가입되
어 있는 종교 단체에서 공
식적으로 탈퇴한다.

   1867년 오스트리아-헝
가리 제국은 천주교, 개신
교, 그리스 정교, 유대교 등

모든 종교에 대해 종교의 자유를 허용했다.

1908년 제국은 무슬림 인구가 꽤 많았던 보스니아 헤르체고비나를 합병했고, 1912년에는 유럽에서 처음으로 이슬람교를 소수 종교로 인정했다. 최근에는 터키와 구 유고슬라비아에서 많은 외국인 노동사와 난민이 넘어와 오스트리아 내 무슬림 인구는 더 많아졌다.

현재 오스트리아는 감리교, 몰몬교, 불교를 수소 종교로 인정하고 있다.

제2차 세계대전이 발발하기 전, 약 25만 명에 달했던 오스트리아의 유대인 인구는 오늘날에는 1만 5,000여 명 정도로 급감했으며(2014년 조사 결과), 그 대부분은 빈에 거주하고 있다.

## 【 교회의 영향 】

오스트리아는 천주교에 지대한 영향을 받은 나라다. 역사적으로 신성로마제국의 황제는 세속에서 교회를 지키는 자로 여겨졌고, 천주교 개혁을 맨 앞에서 이끌었다. 16~18세기, 제국은 천주교만 지지한다는 공식 입장을 분명히 했다.

오스트리아에는 연중 수많은 종교 축제가 열린다. 온 마을이 종교 행진이나 의식에 참여하는 축제도 많다. 성체축일이나

성모 승천일이면, 교회와 마을은 다 함께 깃발을 흔들며 이 날을 기념한다. 브라스 밴드는 음악을 연주하고, 대미사와 화려한 행렬이 펼쳐진다.

한편, 현대에 들어와서 급격히 진행된 세계화와 국제화로 교회에도 위기가 찾아왔다. 예배에 참석하는 신도수가 급감했고, 성직자의 길을 걸으려 하는 남성수도 급격하게 줄어들어, 해외에서 들어오는 성직자에게 크게 의존하게 되었다. 이제 대부분의 오스트리아인들은 크리스마스이브 같은 특별한 날에만 예배에 참석한다.

오스트리아에는 수도원이 많이 있으며, 그중 다수가 교육에서 중요한 역할을 한다.

# · 마리아첼 성당 ·

오스트리아에서 가장 중요한 순례지로 그라츠에서 북쪽으로 143km 떨어진 곳에 위치한, 스티리아 알프스 북쪽의 마리아첼 성당을 들 수 있다. 이 성당에는 1157년부터 성당을 지켜오며 수많은 기적을 일으킨 것으로 유명한, 라임나무에 새긴 성모마리아상이 있어 전 유럽의 수많은 순례자들의 발걸음이 끊이지 않고 있다.

2004년 가톨릭교회는 마리아첼 성당을 중부유럽의 대표적 성모성지로 선정했다. 하지만 의식 전날, 거친 비가 끊임없이 쏟아지는 바람에 대안을 마련해야 했다. 모든 계획에 차질이 생긴 아찔한 상황이었지만 성당은 효율적으로 위기에 잘 대처했다. 우선 주차장으로 예비해두었던 넓은 공간에 물이 가득 차 사용할 수 없게 되자, 마리아첼로 들어오던 수천 대의 버스를 진입로 근처의 공원으로 안내해 안전하게 주차시켰다. 25만 명의 순례자들은 쏟아지는 비를 뚫고 성당을 향해 수 킬로미터를 걸어야 했다. 우산이나 우비가 없는 순례자들에게는 우비가 공급되었고, 참여한 모든 사람에게 음식과 음료가 제공되었다. 놀랍게도 행사가 끝난 뒤, 귀가 버스를 놓친 사람은 채 10명이 되지 않았다. (순례자들은 쓰레기도 완벽히 분리수거해서 주최 측을 놀라게 했다!)

2007년 교황 베네딕트 16세는 마리아첼 성당의 창립 850주년을 기념하기 위해 성당을 방문했다.

# 국가 축제와 종교 축제

주요 종교 기념일이 다수 포함된 국가 축제는 전국이 지내고
기념한다.

| 날짜 | 축제명 | 의미 |
| --- | --- | --- |
| 1월 1일 | Neujahrstag | 새해 |
| 1월 6일 | Dreikönigsta | 주현절 |
| 3월/4월 | Palmsonntag | 종려 주일 |
| 3월/4월 | Ostersonntag | 부활절 주일 |
| 3월/4월 | Ostermontag | 부활절 다음 월요일 |
| 5월 1일 | Tag der Arbeit | 노동절 |
| 5월/6월 | Christi Himmelfahrtstag | 예수승천일 |
| 5월/6월 | Pfingstsonntag | 성령강림절 |
| 5월/6월 | Pfingstmontag | 성령강림절 다음 월요일 |
| 5월/6월 | Fronleichnam | 성체축일 |
| 8월 15일 | Mariä Himmelfahrt | 성모승천일 |
| 10월 26일 | Nationalfeiertag | 건국 기념일 |
| 11월 1일 | Allerheiligen | 만성절 |
| 12월 8일 | Maria Empfängnis | 성모 수태일 |
| 12월 25일 | Weihnachtsfeiertag | 크리스마스 |
| 12월 25일 | Weihnachtsfeiertag (2) | 복싱 데이 |

## 【 크리스마스 】

오스트리아에서도 크리스마스는 중요한 종교 기념일이자 가족을 위한 축제다. 크리스마스 4주 전인 재림절이 되면 소도시와 마을에는 목재 테이블이나 크리스마스트리 장식품, 따뜻하게 마시는 멀드 와인, 계절 별미를 파는 장터가 들어선다. 지역 합창단이나 브라스 밴드도 장터에서 흥겨운 크리스마스 캐롤을 들려주며 크리스마스 분위기를 더한다. 최근 이런 장터는 관광 명소가 되어, 먼 곳에서 온 외지인들을 태운 버스 행렬이 끊이지 않고 있다.

오버외스터라이히주의 작은 크리스트킨들(아기 예수라는 뜻) 마을은 매년 재림절이면 특별 우체국으로 변신한다. 오스트리아 전국의 아이들이 '크리스트킨들'에 그해 크리스마스의 소망을 적어 보내기 때문이다. 편지를 보낸 아이들은 기념우표와 특별 크리스마스 소인이 찍힌 답장을 받는다. 이 편지봉투는 전 세계 우표수집가들에게 큰 인기를 모으고 있다.

재림절 기간 동안에는 기독교가 전파되기 전부터 내려오던 전통이 아직도 지켜지고 있다. 12월 6일, 성 니콜라우스의 날은 세계 많은 지역의 아이들이 선물을 받는 어린이들의 축제일이다. 하지만 성 니콜라우스 기념일 전날 저녁은 크람푸스의 날이다. 크람푸스는 악마처럼 무시무시하게 생긴 괴생명체로, 말 안 듣는 아이들을 잡아가는 무서운 존재다. 머리에는 뿔이

## · 고요한 밤 거룩한 밤 ·

크리스마스 캐롤 중에서도 많은 사랑을 받고 있는 곡, '고요한 밤 거룩한 밤'은 오스트리아에서 만들어진 노래다. 1818년 크리스마스이브, 잘츠부르크 부근의 오베른도르프의 성 니콜라오 성당에서 보조 사제를 맡고 있던 요제프 모어는 크리스마스에 당시 지역 학교 선생님이자 오르간 연주자였던 프란츠 그뤼버리에게 먼저 써둔 노랫말을 건네며 두 명의 솔로, 그리고 기타반주를 곁들인 합창에 맞도록 작곡을 부탁했다. 그렇게 모어와 그뤼버리는 세상에 '고요한 밤 거룩한 밤'을 선물했다.

이 캐롤은 첫 공연 후부터 많은 사랑을 받았고, 이듬해 1819년 크리스마스에는 칠러탈의 피겐 교구 성당에서 '레이너 패밀리 싱어즈'가 이 노래를 여러 번 불렀다. 3년 뒤인 1822년에는 당시 오스트리아의 황제 프란츠 1세와 러시아의 차르 알렉산드르가 방문한 부벤베르크 성에서 이 노래가 불려졌다. 이후 이 노래는 전 세계에 알려지고 널리 사랑받으며 많은 이들의 크리스마스 애창곡이 되었다. 아직도 매해 도베른도르프의 작은 교회에서는 이 노래에 바치는 특별 예배가 열린다.

달렸고, 입에서는 침을 뚝뚝 흘리는 길고 무시무시한 혀가 늘어져 있다. 빨간색과 검은색 옷을 입고 등 뒤에는 못된 아이들을 지옥으로 싣고 갈 바구니를 달고 다닌다. 하지만 최근 들어서는 아이들에게 지나친 공포감을 준다는 이유로 등 뒤 바구니는 사라졌다. 발에는 쇠사슬을 매달고 다니며 철컹철컹 소리를 내며 지축을 흔들면서 걷는다. 크람푸스가 지나가면 동네 개들이 미친 듯 짖고 고양이들은 공포에 질려 몸을 숨긴다. 또 크람푸스는 자작나무 회초리를 가지고 다니는데, 이는 성 니콜라우스와 함께 다니며 나쁜 어린이는 매로 응징하는 루프레히트와 연관된 것이다. 크람푸스의 기원은 정확히 알 수 없지만, 분명한 것은 그가 오스트리아에서 만들어진 인물이라는 것이다.

하지만 이와는 달리, 흰색과 금색의 주교 복장을 하고 어린이들에게 선물을 가져다주는 성 니콜라우스는 오스트리아가 아닌, 오스트리아 밖에서 유입된 인물이다. 성 니콜라우스는 4세기, 소아시아의 마이러의 주교였다. 그를 둘러싼 전설은 두 가지가 전해 내려온다. 먼저 한 아버지가 있었는데, 너무 가난해서 세 딸을 시집보낼 때 필요한 지참금이 없어 딸들을 팔아버릴 나쁜 마음을 먹는다. 이 소문을 들은 성 니콜라우스가 그 아버지에게 황금 주머니를 주었다고 한다. 두 번째로는 세 아이가 무참하게 살인을 당했는데 이 성인이 아이들을 살렸다는 전설이다. 크람푸스와 '니콜로'라는 별칭으로 유명한 성 니콜라우스가 어떻게 함께하게 된 것인지에 대해서는 알려진 바가 없다. 하지만 둘은 함께 다니며, 크람푸스는 못된 아이를 혼내주고, 니콜로는 착하고 말을 잘 들은 아이에게 상을 준다.

12월 24일이면 가족끼리 모여 크리스마스를 기념한다. 정오 정도면 모든 상점과 사무실은 문을 닫고 대중교통도 운행이 중지된다. 크리스마스이브의 이른 저녁, 가족들은 아기천사가 가져다주었다는 선물을 교환한다. 선물을 교환한 뒤에는 보통 잉어 튀김 요리를 먹고, 가족 모두 함께 자정 미사에 참석한다.

크리스마스 당일은 크리스마스이브보다 훨씬 조용하게 보낸다. 보통은 친구들을 만나거나 스키를 타러 간다. 전통적으로 크리스마스에는 거위를 많이 먹었지만 최근에는 터키와 비너슈니첼을 더 많이 먹는 추세다.

## 【 새해 전야와 새해 】

오스트리아인들은 새해 전야(실베스터라고 함)를 요란하고 성대하게 기념한다. 사람들은 보통 돼지모양의 빵 '마지팬 피그'를 행운의 부적처럼 주고받는다. 이밖에도 녹인 납을 물에 떨어뜨려, 납이 퍼지는 형태를 보고 앞날을 점치는 등 몇몇 풍습이 있다. 자정이 되기 전, 사람들은 샴페인이나 스파클링 와인을 들고 거리로 쏟아져 나온다. 거리에 설치된 대형 스피커에서는 새해를 알리는 빈의 성 슈테판 성당 종소리 생중계 방송이 흘러나오고, 종소리가 끝나면 사람들은 '블루 다뉴브 왈츠'를 춘다. 사람들은 마을 광장을 돌며 왈츠를 추며 '프로지트 노이야르 Prosit Neujahr(새해 복 많이 받으세요!)'를 외친다.

1월 1일은 보통 가족들과 조용히 보낸다. 대부분의 오스트리아인들이 야외의 대형 스크린이나 거실의 TV로 빈에서 열리는 유명한 '새해음악회'를 시청한다. 이 음악회에 대한 사람들의 비평은 까다롭기 그지없어서, 예년과 비교해 올해의 음악회가 어땠는지 깐깐하게 비교한다.

## 【 주현절 】

학교가 개학하기 직전, 동방박사 축제가 열린다. 이 축제 기간이 오면, 어린이들은 동방박사처럼 차려입고 이웃집을 돌아다니며 달콤한 간식을 얻는다. 방문이 끝난 뒤에는 문에 'C+M_B'와 날짜를 분필로 적는다. 이는 세 동방박사, 즉 스파르Caspar,

멜히오르Melchior 및 발타자르Balthasar의 첫 글자를 딴 것으로 앞으로 한 해 동안 이 집에 신의 은총이 가득할 것을 의미한다.

오늘날까지 오스트리아에 전해 내려오는 전통 중 비기독교적인 것으로 잘츠부르크와 티롤 지방에서 열리는 '유령축제 Perchten'를 들 수 있다. 원래 이 축제명은 고대 여신이었던 프라우의 측근들이 썼던 여성 가면을 의미했다. 전통적으로 이 가면은 12월 마지막 주와 1월 첫째 주 그리고 1월 6일의 행진에서 볼 수 있었지만 요즘에는 이 가면을 실제 얼굴 모양처럼 만들어 쓰는 것이 유행이다. 몇몇 지역에서는 이 가면에 맞춰 의상을 만들고 춤과 이야기를 짜서 퍼포먼스를 한다. 이 거대하고 무시무시한 괴물들이 허리춤에는 소 방울을 달고 춤추고 소리 지르며, 그들 주위를 서성거리면 어린아이들은 그 모습을 넋을 잃고 바라본다.

## 【 부활절 】

기독교에서 가장 중요한 축제인 부활절은 종려 주일에 종려나

무 가지 대신 갯버들을 꺾어 축복하는 예배로 시작된다. 성주
간은 전통적인 가톨릭 방식으로 지키는데, 예수가 십자가를
지고 골고다로 향하며 겪은 일곱 가지 고난의 순간을 위해 기
도하고, 토요일 밤에는 부활절 야제를 가지며, 이후 부활절의
특별 미사를 갖는다. (성 금요일은 휴일이 아니며, 십자가의 길을 위해 기
도하는 사람을 위한 예배만 있을 뿐, 일반 성도를 위한 성 금요일 예배는 없다.)

대부분의 집과 상점들은 갯버들과 부활절 계란, 부활절 토
끼로 창문을 장식한다. 사람들은 삶은 달걀로 부활절 토끼를
만들고(오스트리아의 전통적인 부활절 달걀은 초콜릿으로 만들지 않는다)
정원 구석구석 토끼를 숨겨 아이들이 찾도록 한다. 식탁은 갯
버들, 봄철 꽃, 예쁜 그림을 그린 계란으로 장식한다. 부활절은
가족이 함께 보내는 시간으로, 학교가 쉬지 않아 짧게만 느
껴지지만 그럼에도 불구하고 즐거운 시간이다. 또 부활절에는
'포차즈Fochaz'라는 빵을 만들어 먹는다.

부활절 토요일, 해가 지면 알프스 산꼭대기에는 부활절 불
이 피워지고, 소수의 뮤지션으로 구성된 밴드가 마을을 따라
걸으며 찬송가와 전통음악을 연주한다. 때로 이 불을 유다의
불이라고 부르는데, 이는 종종 예수를 배반한 '이스가리옷 유
다'의 모형을 만들어 이 불에 태우곤 했기 때문이다. 하지만

부활절 전에 모닥불을 피우는 풍습은 사실 기독교가 생겨나기 훨씬 전부터 있었던 것이다. 원래는 봄의 도래를 축하하기 위해서 불을 피웠고, 인형을 만들어 태운 것은 겨울을 이긴 봄의 승리를 상징하는 것이었다고 한다.

빈과 잘츠부르크에서는 클래식 음악을 연주하는 부활절 콘서트가 열린다.

## 【 기타 종교 축제 】

성체축일의 기원은 12세기로 거슬러 올라간다. 최초로 기록된 성체축일 거리행진은 1623년 다흐슈타인산 밑자락의 호반 마을 할슈타트에서 일어났다. 할슈타트의 거리행진이 중요한 의미를 갖는 것은 지역 주민들이 배를 타고 호수 위에서도 행진을 했기 때문이다. 광산에서 채취한 소금을 수로로 운반하던 시절을 떠올리게 만드는 대목이다. 행진은 순례지와 교구 성당에서 열리는 대미사로 시작된다. 미사가 끝난 뒤 행진 행렬은 밖으로 나와 예수가 십자가를 지고 골고다로 향하며 겪은 네 가지 고난의 순간을 기념한다. 이후 행진 행렬은 다시 성당으로 돌아와 마지막 축도를 받고, 찬송가를 부르며 의식을 마무리한다.

8월 15일은 성모승천일이다. 성모승천일이 되면 제단이 세워지고, 사람들은 행진을 하고 문 밖을 장식한다.


## 비종교 축제와 이벤트

종교와는 아무런 관련이 없는 전통 축제도 많다. 마을 축제인 키르타크Kirtag, 사격 대회와 함께 열리는 쉬첸페스트Schützenfest, 그밖에도 맥주와 와인 축제, 꽃 축제 등 다양한 축제가 각지에서 열린다. 일부 지역은 연극과 오페레타 공연을 선보이는 자체 축제를 열고 있다.

세계적인 축제로는 먼저 봄철 빈에서 열리는 뮤직 페스티벌

을 들 수 있다. 여름철 잘츠부르크, 브레겐츠, 모르비쉬에서 열리는 뮤직 페스티벌도 유명하다. 다뉴브강가에서 열리는 불꽃놀이 축제도 놓칠 수 없는 볼거리다.

시골에서는 계절의 끝 무렵, 인형을 태우는 의식을 갖는다. 특히 한여름인 6월 21일경과 겨울 끝 무렵에 이 의식을 많이 갖는다. 5월 1일에 산사나무를 장식하는 독특한 풍습과 건물의 골조가 완성되면 건물 위에 작은 나무를 얹는 상량식 풍습도 전해 내려오고 있다. 상량식이 열리는 날, 인부들은 맛있는 음식과 맥주 한두 상자를 선물로 받는다.

어린이들은 초등학교에 입학하는 첫날, 슐투테Schultüte라고 불리는 선물을 받는다. 독일과 마찬가지로 종이고깔에 각종 사탕과 펜, 크레용 등을 넣어 선물하는 것인데, 어린이의 키만큼 큰 슐투테를 선물하기도 한다.

## 【사육제】

사육제를 뜻하는 파싱Fasching이라는 단어는 사순절 금식 전에 마시는 마지막 음료를 뜻했던 중세 고지 독일어의 패샹크vaschanc 혹은 패스트챵vastschang에서 파생된 것으로 추정된다. 역사적으로 '파싱' 혹은 사육제 동안 하층 계급은 의상을 갖추어 입고 가면을 쓰고 귀족이나 교회의 높은 사람을 보복의 두려움 없이 흉내 내거나 조롱할 수 있었다. 하지만 점점 조롱과 희롱의 강도가 세어지자, 의상을 갖춰 입는 것이 금지되었고 마리아 테레지아 여제는 거리에서 가면을 쓰지 말라는 칙령을 내리기까지 했다. 곧 이 흥청망청 파티는 실내로 자리를 옮겨 열리기 시작했고, 이것이 훗날 빈의 유명한 무도회의 기원이 되었다.

사육제 기간 동안 빈에서는 300여 개의 무도회가 열린다. 빈의 무도회 시즌은 호프부르크 왕궁에서 열리는 왕가 무도회로 시작된다. 옛 의상을 차려입은 웨이터들이 손님을 맞이하고, 아름답게 장식된 실내에서 호화로운 저녁식사가 제공된다. 손님들은 예부터 전해 내려오는 사육제 정신을 발휘해 밤늦게까지 왈츠를 추며 무도회를 즐긴다.

호프부르크 왕궁에서는 직업 집단별로 의사들이 주최하는 무도회Ärzteball, 커피하우스들이 모여 주최하는 무도회Kaffeesieder, 루돌피나 가면무도회가 열린다. 꽃으로 아름답게 장식된 시청에서는 꽃의 무도회Blumenball가 열리고, 유명한 신년음악회가 열리는 빈의 무지크베어아인잘에서는 빈 필하모닉이 주최가 되어 열리는 무도회Philharmonikerball가 열린다. 무도회 시즌의 하이

라이트는 빈의 오페라하우스에서 열리는 오페라 무도회Opernball
다. 오페라 무도회에는 전 세계 각지에서 온 손님들이 참석해
밤늦게까지 식사와 왈츠를 즐긴다. 오페라 무도회의 실황은 전
세계에 방송되며, 이 공식적이고 전통적인 행사는 많은 젊은
이들이 꿈꾸는 사교계의 데뷔 무대다.

　오스트리아 사람들은 매우 진지하게 이 무도회에 대비한다.
대부분의 젊은이들은 이 무도회에 참석하기 위해 사교댄스 과
정을 수료한다. 여자들은 하얀 드레스를
입고 반짝이는 크리스털 왕관을 머리에
쓴 채 파트너와 함께 오페라하우스에 입장
해, 19세기에 유행한 느린 폴로네즈 춤을 춘다.
입장 후 바로 춤을 추는 것은 아니고, 공
식 댄서들이 먼저 춤을 춘 뒤 "모두
왈츠를Alles Walzer"이라고 말하면 춤을
추기 시작한다.

# 가족 행사

## 【 생일 】

오스트리아에서는 자기 생일에 사무실 동료들과 함께 나눠먹을 다과를 준비해가서 함께 생일을 축하하는 것이 일반적이다. 누군가의 집에 생일파티 초대를 받았다면, 굳이 선물을 준비할 필요는 없다. 자리에 참석해서 간단히 악수를 나누고 축하한다고 말하는 것으로 충분하다. 하지만 40세나 60세처럼 특별한 생일은 현지 가스트하우스(독일식 여관 또는 선술집)나 레스토랑에서 성대하고 화려하게 치른다. 오스트리아 사람들은 자신의 세례명으로 택한 수호성인의 축일을 기념하는 영명 축일도 지낸다. 영명 축일 또한 축하의 말을 건네는 것으로 충분하다.

## 【 결혼식 】

결혼식은 다양한 스타일을 띤다. 전통적으로는 교외의 장소를 빌려 결혼식을 치른다. 결혼식 중간에 신부 측이 신부를 납치하고 신랑이 신부를 다시 찾아와 몸값을 지불하는 풍습이 있으며, 신혼부부는 결혼식 다음 날 아침 대포 소리나 브라스 밴드 소리에 잠을 깬다. 대부분의 오스트리아 사람들은 결혼식을 두 번 치른다. 결혼 신고소에서 약식으로 한 번 치르고, 기독교식으로 한 번 더 치르는 것이 보통이다. 결혼반지는 오른손의 세 번째 손가락에, 약손반지는 왼쪽 손의 세 번째 손가락에 끼운다.

## 【 장례식 】

장례식은 침통하고 심각한 분위기 속에서 치러진다. 장례 행진에는 지역의 고위 공직자가 참석하기도 하며 브라스 밴드가 동원되는 경우도 많다. 장례식에 참석할 때는 검정색 의상을 입는 것이 보통이며, 헌화보다는 커다란 화환을 둔다. 미국이나 영국보다 화장은 드문 편이며, 대부분 매장을 택한다.

# 04

## 오스트리아인과
## 친구 되기

오스트리아인에게 우정이란 아주 특별한 것이다. 따라서 '친구'라는 단어를 사용할 때는 신중해야 한다. 대부분의 오스트리아인들은 친구는 적게, 지인은 많이 사귀며 살아간다. 하지만한 번 친구는 평생 친구이다.

오스트리아인에게 우정이란 아주 특별한 것이다. 따라서 '친구'라는 단어를 사용할 때는 신중해야 한다. 대부분의 오스트리아인들은 친구는 적게, 지인은 많이 사귀며 살아간다. 친구는 많은 경우 학창시절이나 대학교에서 만난 이들로, 개인의 친구 집단은 한 번 형성되면 좀처럼 바뀌지 않는다. 오스트리아인에 비하면 미국인과 영국인은 더 많은 친구를 가지고 있는 것처럼 보이지만, 관계의 밀도는 훨씬 낮다고 할 수 있을 것이다. 독일의 철학자이자 작가였던 프리드리히 실러는 "친구는 당신의 오른손 손가락 수만큼만 가질 수 있는 것이다."라고 했다. 그러므로 오스트리아를 방문한 외지인으로서 오스트리아인과 친구가 되는 데는 상당한 시간이 걸린다는 것을 알아야 한다. 하지만 한 번 친구는 평생 친구라는 것도 기억하고 인내심을 갖도록 하자.

미국과 영국 사람들은 회사 밖에서 친구, 지인들과 회사 이야기를 즐겨 하지만, 앞서 살펴본 것처럼 오스트리아에서는 공과 사가 분명히 구분되기 때문에 회사에서 사생활 이야기를 하거나 집에 일거리를 가지고 오는 것을 이상하게 여긴다. 최근 들어 직장생활 환경이 변하고 업무량이 점점 많아지면서 이런 태도에도 변화가 생기고 있지만, 수년을 함께 일한 동료의 사생활에 대해 아무것도 알지 못하는 경우가 여전히 많다. 이런 현상의 원인으로 격식을 차리는 독일어의 특징을 들 수 있다. 회사에서 사람들은 2인칭 대명사의 존칭인 '지sie'를 사용하기 때문에 거리감을 느낄 수밖에 없다. 반면 영어에는 2인칭 존칭이 없어 처음 만난 사람에게도 친근하게 이야기하는 것처럼 느껴지는데, 오스트리아 사람들은 이런 식의 대화를 매우 낯설어한다. 그나마 젊은 세대는 이런 호칭에 대해 좀 더 관대한 편이다. 일터에서 친근한 2인칭 대명사인 '두du'가 사용되는 경우는 거의 없다. 대신 동료끼리는 '박사'나 '교수'와 같은 직함을 사용한다. 외지인들에게는 아주 이상하게 보일 수 있지만, 오스트리아인들에게는 지극히 자연스러운 호칭법이다.

오스트리아 사람들은 아침 일찍 일과를 시작해 하루 종일 성실하게 일하고, 정시에 일을 마쳐 퇴근 후 여가 시간을 충분히 즐긴다. 그러므로 공통의 관심사를 찾아 여가를 함께 즐기는 것이야말로 현지인들을 만날 수 있는 가장 좋은 방법이라고 할 수 있다. 오스트리아인의 사회생활에서 야외활동은 빼놓을 수 없는 부분이다. 이웃나라 독일과 마찬가지로, 오스트리아 사람들도 단체로 여행하는 것을 즐긴다. 이런 단체 여행에 참가해 현지인들과 어울려보자. 보통 교외로 나가 트래킹이

나 사이클링을 즐긴 뒤, 시골 여관이나 호리이거Heuriger(와인 양조
자의 와인 창고나 정원을 의미)에서 함께 어울리며 마무리한다.


## **동호회** 가입

많은 오스트리아 사람들이 취미 활동을 위해 동호회에 가입
하며, 동호회는 친구를 사귈 수 있는 가장 좋은 방법 중 하나
다. 먼저 자신의 관심사를 파악한 뒤, 내게 가장 잘 맞는 동호
회를 찾아보자. 현지 시청에 가면 지역 내 동호회에 대한 구체
적인 정보를 얻을 수 있다. 오스트리아 사람들은 특히 춤을 추

고 멋진 무도회에 참석하는 것을 좋아하기 때문에, 춤 교습을 받거나 춤 실력을 늘리기 위해 동호회에 가입하는 것은 사람을 만나기 아주 좋은 방법이다. 시민학교Volkshochschule도 수준별 다양한 수업을 제공하고 있다. 또한 많은 도시와 소도시에 외국인 모임이 있다. 현지 대학교 모임이나 로터리 클럽, 라이온스 클럽 등과 연계된 모임이 있으니, 같은 국적의 사람들을 만나는 것이 목적이 아니라도 클럽의 활동 내용을 살펴볼 것을 추천한다. 더 많은 사람들을 만날수록 인맥 또한 넓어질 것이기 때문이다.

## 인사법

오스트리아의 가장 기본적인 인사법은 악수다. 직함과 성姓처럼 악수는 기본으로 여겨지며, 만났을 때와 헤어질 때 모두 악수로 인사한다. 앞서 살펴본 것과 같이 오스트리아인에게 직함은 매우 중요한 의미를 갖기 때문에, 상대의 직함을 정확하게 알고 있어야 한다. 만약 박사 겸 교수 아무개 씨를 만나게 되었다면 그를 부를 때 '박사'와 '교수' 직함을 모두 붙여야 함은 물론, 그의 아내도 아내의 직함과는 상관없이 '교수'라고 불러야 한다. 미국과 영국의 학계와 비즈니스계에서는 자신의 이름 앞에 직함의 머리글자만 쓰는 것이 보통이지만, 오스트리아에서는 명함에 직함은 물론, 취득한 학위나 전문 자격을 분명히 명시해야 한다. 이렇게 만든 명함은 사업상 만남에서는 물론 사회생활에도 유용하게 사용되고, 시간을 절약하는 데 도움이 된다. 제국 시대에서 비롯된 영향으로 오스트리아 사람들은 아직도 여러 개의 직함을 가진 사람에게 깊은 인상을 받는다. 영어에서 '총'을 뜻하는 단어, 'general'은 독일어에서는 사뭇 다른 뜻을 가지고 있다. 영국의 총비서는 여러 직무 중 하나인 평범한 직위에 불과할지 모르지만, 오스트리아의 총비서는 매우 중요한 직위에 해당한다.

오스트리아 사람들은 독일 사람들이 그렇듯, 미국과 영국 사람에 비해 매우 오랜 시간 동안 상대에게 존칭을 쓴다.

【 2인칭 두du와 지sie 】

많은 언어가 2인칭 '너, 당신'에 해당하는 단어의 단수와 복수는 물론, 존칭과 친근한 표현을 구분한다. 독어에서도 2인칭은 두 가지로 구분된다. 먼저 친근한 표현의 2인칭, 두du가 있는

데, '두'는 가족과 친한 친구, 어린아이들을 대상으로만 사용된다. '지sie'는 그 외의 모든 사람에게 사용할 수 있다. 영어를 구사하는 사람들은 독어로 말할 때 2인칭 '두'를 사용하는 경향이 있는데, 이는 결례로 여겨진다는 것을 기억하자. 누군가와 점점 가까워지면서 상대를 '지'가 아닌 '두'로 부르게 될 수 있지만, 반드시 연장자가 자신을 '두'로 부르라고 먼저 권유해야 한다. 오스트리아 사람들은 이러한 호칭 전환을 상대와 팔짱을 끼거나 와인이나 맥주잔을 부딪치는 것으로 공식적으로 인정한다.

도시에서 멀리 떨어진 시골에서는 처음 본 사람을 '두'라고 부르기도 하지만, 이는 친밀함의 표현이 아니라 그 지역의 관용구 같은 것으로 이해해야 한다.

### 【 거리와 상점에서의 인사법 】

시골에서는 거리에서 만나고 스쳐지나가는 모든 사람들에게 '그뤼스고트Grüss Gott(신께서 함께 하기를)'라고 인사한다. 가게나 레스토랑에 들어설 때도 만나는 모든 사람에게 '그뤼스고트'나 '구텐 모르겐Guten Morgen', '구텐 탁Guten Tag'이라고 인사하고, 떠날 때는 '아우프 비더젠Auf Wiedersehen', '아우프 비더샤우엔Auf

Wiederschauen'이라고 인사한다. 레스토랑에서 식사 중인 사람 옆을 지날 때는 '말자이트Mahlzeit'라고 인사하는 것이 관례다. 말자이트는 '이 식사에 축복을'이라는 뜻의 '게제그네스 말자이트Gesegnets Mahlzeit'에서 온 것이다. '구텐 아페티트Guten Appetit'라고 인사하는 사람도 있다.


## 이방인에 대한 태도

전반적으로 오스트리아 사람들은 외국인에게 친절하고 호의적이지만, 그 이면에는 낯선 사람에 대한 불신이라는 어두운 그림자도 함께 존재한다. 이는 특히 시골 지역이나 오스트리아 동부의 국제도시에서 멀어질수록 심해지는 경향을 보인다. 그렇다고 이들에게 이방인의 존재가 낯설기만 한 것은 아니다. 역사적으로 오스트리아에는 언제나 유럽의 전역, 나아가 유럽 밖에서 온 이방인들이 있었으니 말이다.

오스트리아 사람들은 독일어를 구사할 수 있는 이방인을 특히 따뜻하게 환대한다. 외국인이 할 수 있는 독일어가 단 몇 마디뿐일지라도, 인내심을 발휘해 상대의 말을 끝까지 경청하고 칭찬을 아끼지 않는다. 한편 독일어로 이야기하기를 거부하거나 동화되려는 의지를 전혀 보이지 않는 방문자나 이민자는 불신의 눈으로 바라본다. 지난 수십 년 동안, 오스트리아도 다른 유럽의 선진국과 마찬가지로 불안정한 고국을 떠나 유럽에 정착한 난민들을 관대하게 받아주었다. 하지만 최근 이민자들이 급증하면서 이런 관용의 정신도 선택적으로 발휘되고 있다.


## 초대

오스트리아 사람들은 친구를 집으로 초대하기보다는 보통 레스토랑이나 가스트하우스, 호리이거에서 만난다. 일반적으로 외식비는 그렇게 비싸지 않으며, 편안하게 먹고 마실 수 있는 분위기의 장소가 많다. 오스트리아 사람들은 남녀 모두 더치페이에 익숙하므로, 친구들을 레스토랑에 초대해 한 턱 낼 생각이라면 처음부터 이를 명확히 밝히는 것이 좋다.

오스트리아인은 특별한 날에만 사람들을 집으로 초대하는데, 편안한 자리라 해도 집주인은 손님들에게 좋은 인상을 남기기 위해 좋은 음식을 준비하고 집을 깨끗이 단장한다. 오스

트리아인들은 손님들을 친절하게 환대하는 것으로 유명하다. 집에 있는 최고의 사기그릇과 은 식기를 꺼내 손님을 대접할 만큼 공을 들이지만, 보통 집 전체를 구경시켜 주지는 않는다.

누군가의 집에 초대를 받는다면 영광으로 생각하고 약속시간에 늦지 않도록 하자. 몇 분 정도 늦는 것은 괜찮다. 대학의 60분짜리 수업이 사실은 45분만 진행된다는 뜻에서 비롯된 '학구적 15분'이라는 표현이 있을 정도로, 몇 분 늦는 것은 허용되는 분위기다. 많은 사람들이 실내화와 실외화를 구분해서 신고 있으므로, 초대받은 집에 도착하면 현관 앞에서 신발을 벗어야 할지 묻도록 하자. 신발을 벗어야 하는 경우 실내에서 신을 슬리퍼를 줄 것이다.

# 접대

오스트리아에는 다양한 형태의 접대가 존재한다. 먼저 오전 10시 혹은 오후 3시나 4시의 '커피타임'에 초대받을 수 있다. 커피나 차로 시작해 나중에는 알코올을 곁들이는 이 모임은 약 몇 시간 정도 지속되는 것이 보통이다.

교외 지역에서는 '야유제Jause'를 즐긴다. 야유제는 이른 저녁의 간식이라는 의미를 가지고 있지만, 간식이라는 단어에 속아선 안 될 것이다. 찬 고기 요리와 소시지, 샐러드, 피클, 빵, 디저트까지 많은 음식이 제공된다. 야유제에는 몇 시간 정도

머무는 것이 보통이며, 주중에는 밤 10시 정도에 자리를 떠나
도 괜찮지만, 주말에는 그것보다 훨씬 오래 머물러야 한다. 저
녁에는 '프로스트 Prost(건배)!' 또는 '춤 볼 Zum wohl(위하여)' 소리가
끊이지 않는다.

식사를 끝낸 뒤에는 식탁에 둘러앉아 이런저런 이야기를
나눈다.

## 선물

오스트리아인들은 특별한 날에만 선물을 주고받는다. 사업상
주고받는 선물은 색안경을 끼고 보는 경향이 있으니 주의하자.
누군가의 집에 초대를 받았다면 작은 선물을 준비해 가는 것
이 좋다. 특별한 날이라면 와인을 가져가자.
초콜릿과 꽃도 늘 환영받는 선물이다.
하지만 꽃을 선물하는 경우, 꽃의
색깔별, 송이별 의미를 신경 써야 한
다. 향후 있을 당혹스러운 상황을
피하기 위해 플로리스트에게 각 꽃이 의미하
는 바를 알려달라고 부탁하는 것이 좋다.

# 매너

오스트리아에서 좋은 매너와 예의 바른 행동은 매우 중요한 의미를 가지며, 특히 빈에는 준수해야 할 관례와 규칙이 많다. 남자들은 실내에 다른 손님이 들어오면 존중의 의미로 자리에서 일어선다. 한편 신사가 숙녀가 내민 손 위로 허리를 굽히며 '우아한 여인이여, 손 등에 키스해도 될까요' 라고 말하는 구식 표현방법은 빠르게 사라지고 있다. 레스토랑에 들어올 때는 남자가 여자에 앞장서서 들어와 여자가 외투를 벗도록 도와주고 문을 잡아주며, 야외에서는 남자가 여자의 왼쪽에 서거나, 자신이 길 쪽에 서서 여자를 보호한다. 일각에서는 볼에 입맞춤하여 상대와 인사하지만, 오스트리아의 인사법이 아니라는 이유로 못마땅하게 생각하는 사람들도 있다.

오스트리아의 젊은 세대는 사교댄스를 배우고 어떻게 행동해야 하는지 에티켓을 배우기 위해 탄츠슐레, 즉 댄스스쿨을 다닌다. 무도회는 여전히 겨울 사교계의 중요한 부분을 차지하며, 사람들은 차려 입고 무도회에 참석하길 즐긴다. 일부 댄스스쿨은 지역 어휘집에 등재될 정도로 높은 명망을 가지고 있다. 엘마이어 탄츠슐레는 오늘날 사회가 기대하는 예의 바른 행동의 기준의 동의어처럼 여겨지고 있다. 조금 구식으로 보일 수도 있지만, 엘마이어 탄츠슐레는 에티켓 분야에서 높은 신망을 누리고 있어 많은 국제기관이 엘마이어 탄츠슐레의 창립자 손자인 토마스 엘마이어를 초대해 고위 임원들에게 예의와 에티켓을 가르쳐 달라고 요청하고 있다. 매해 전 유럽과 일본에 중계되는 '오페라 무도회'에서 엘마이어가 이어온 전통은 확인할 수 있다.

# 05

## 일상생활

오스트리아 사람들은 다른 유럽국가 사람들보다 일찍 하루를 시작한다. 이들은 아침 6시에서 6시 반 정도 기상해서 7시나 8시까지 출근한다. 대중교통은 새벽 5시부터 운행을 개시한다. 오스트리아인들에게 아침식사는 중요한 한 끼다. 보통 빵이나 햄, 소시지, 치즈를 곁들인 롤을 먹고, 요구르트를 먹거나 전통 차 또는 허브티, 커피, 우유를 마신다.

오스트리아 사람들은 일터에서는 최대한 격식을 갖추지만 집에서는 편안한 모습으로 살아가는데, 이 두 모습이 극명한 대조를 이룬다. 이들은 관대하고 친절하며, 호의적이고 무엇보다 '게뮈틀리히gemütlich'하다.

## 고향

오스트리아 사람들은 자신이 태어나고 자란 고향에 큰 애착을 가지고 있다. 이들은 자신이 태어난 지역에 대단한 자부심을 가지고 있고, 다른 어떤 지역보다 자신의 고향이 우월하다고 믿는다. 자신을 소개해야 하는 자리에서는 조금의 주저함도 없이 자신의 고향을 먼저 이야기한다. 지역별로 뚜렷한 개성이 있고, 지역 주민에게서도 그런 개성을 엿볼 수 있다. 정부 소재지인 빈에 대해 다른 지역은 일반적으로 유머 섞인 반감을 가지고 있다. 한편 빈은 빈 이외의 다른 지역은 모두 시골이며 편협한 사고방식을 가지고 있다고 생각한다. 아무튼 지역별 경쟁은 건전한 것으로, 지역색은 수많은 이야기와 농담을 만들어낸다. 오스트리아인에게 고향은 자신의 부모와 선조가 살아온 터전이고 자신이 자라고 교육받은 곳으로, 사람들은 평생 동안 고향과의 연결 고리를 간직하며 산다. 고향에 대한 오스트리아인의 태도는 독일인의 그것과 사뭇 다르다. 유명한 오스트리아의 수필가 한스 바이겔은 이렇게 썼다. "다른 나라 사람들은 그저 자신의 고향을 사랑하지만, 오스트리아인은 자신의 고향과 혼인을 맺는다. 그리고 고향을 떠나면 고향과의 실제 결혼 생활이 시작된다." 무엇보다 오스트리아를 끔찍하게 생각하는 이들은 다름 아닌 외국에서 생활하는 오스트리아인들이다. 이는 부분적으로 국제 전쟁과 분쟁으로 인해 오스트리아의 국경이 바뀌기 전, 찬란했던 과거의 제국시대에 대한 향수를 반영하고 있다.

## 게뮈틀리히

추상명사, '게뮈틀리히'는 설명하기 어려운 개념이다. 보통 '안락함이나 편안함'으로 번역되지만 실제로는 그보다 훨씬 다양한 뜻을 담고 있다. 게뮈틀리히는 소속감, 사회적인 수용, 활기, 분주함이라고는 전혀 없는 고요함, 집이나 정원, 거실 같은 공

간에서 보내는 시간을 의미한다. 또한 편안하고 안정적인 특징을 가진 사람들을 묘사하는 단어로도 쓰인다.

## 주택

오스트리아인의 자가 보유율은 점점 늘고 있는 추세다. 현재는 전 인구의 56%가 개인 또는 협동조합의 후원 아래 주택 또는 아파트를 소유하고 있다.

　도시보다는 교외의 자가 보유율이 높고, 동부보다는 중부
와 서부의 보유율이 높다. 도시 지역에서는 단독주택 형태보
다 아파트가 훨씬 많다. 도시와 동부오스트리아에서는 임대
거주도 흔하다. 임대인으로부터 임차인을 보호하기 위해 임대
규칙을 규정하고 있는 법이 마련되어 있어, 임차인들은 상당
한 법적 권리를 지닌다. 전통적으로 좌파인 사회민주당이 지자
체를 꾸렸던 빈과 같은 도시에서는 지자체가 건물과 아파트를
소유한 경우도 많다. 지은 지 오래된 집들은 대체로 엄청나게
커서, 집 안에서 길을 잃은 것 같은 기분이 들기도 한다. 공간
이 큰 이유로 겨울철 난방비도 많이 나오기 때문에 이런 집을

소유한 대부분의 사람들은 집을 아파트로 개조하거나, 집의 일부에만 거주하는 방식으로 생활하고 있다. 오스트리아의 현대적 아파트는 다른 나라 아파트와 비교했을 때 공간은 살짝 더 작게, 천장은 훨씬 높게 설계되었다. 보통 부엌은 가족이 함께 식사할 수 있는 공간까지 겸비하도록 넉넉한 사이즈로 지어진다. 작은 거실은 보통 손님이 오거나 기념일을 챙길 때 사용된다. 대부분의 아파트와 주택에는 수납을 위한 지하 창고가 있다.

2000년을 기준으로 오스트리아인의 약 15%는 주로 여가를 목적으로 한 '두 번째 자가'를 소유했다. 하지만 여기에는 도시 근교 오두막이 하나 딸린 정원부터 교외 지역의 오래된 부동산과 시골에 거주용으로 지은 새로운 주택까지 다양한 종류의 부동산이 포함되어 있다.

## 사회적 책임

오스트리아에서의 삶은 독일보다는 질서에 메이지 않고 여유 있고 편안한 편이지만, 그래도 여전히 지켜야 할 규칙과 규정들이 존재한다. 도시나 소도시에서 길을 건너려면 반드시 횡단보도를 먼저 찾고 신호등에 초록불이 들어올 때까지 기다렸다가 길을 건널 수 있다는 것이 그렇다. 또한 오스트리아 사람들은 대중교통을 사용하는 모든 사람이 유효한 이용권을 구입할 것으로 생각하며, 모든 이가 그 규칙을 지킬 것이라 믿고 기대한다.

이런 규칙과 규정 중 상당수는 삶을 더욱 편하고 생산적으로 만들어준다. 오스트리아에는 가사에 관련된 공동의 책임이 많다. 아파트나 건물에서 공동으로 사용하는 복도는 항상 깨끗이 비워둬야 하고, 공용 계단과 홀은 함께 청소해야 한다. 또한 현관 앞 보도를 쓸고 청소하는 것은 법적으로 규정된 책임이다. 이웃을 배려하는 것은 기본 중의 기본이다. 집에서 파티를 열 계획이라면 반드시 사전에 이웃에게 그 사실을 고지하거나 그를 초대해야 한다.

가장 어려운 것은 가정용 쓰레기 분리수거다. 쓰레기는 반드시 유리, 플라스틱, 종이, 알루미늄, 깡통, 유기폐기물, 일반 쓰레기로 구분해 해당 쓰레기통에 버려야 하며, 시골에서는 매주 중앙 쓰레기 처리장으로 직접 가져가서 버려야 한다. 지자체는 쓰레기 수거에 비용을 부과한다. 유리나 플라스틱 용기에 든 음료를 살 때는 일정 보증금을 내야 하는데, 슈퍼마켓에 빈 용기를 가져오면 보증금을 돌려받을 수 있다. 외지인에게는

복잡한 재활용 체계가 어렵게 느껴질 수 있을 것이다. 공동으로 사용하는 쓰레기통에 가정용 쓰레기를 버려서는 안 된다. 일부 방문객은 이 때문에 공개적으로 질타를 받기도 한다. 오스트리아 사람들은 어려운

### • 좌충우돌 분리수거 적응기 •

한 영국인 가족이 오스트리아에 한 달간 휴가를 왔다. 곧 쓰레기 처리가 골치 아픈 문제로 떠올랐다. 다 마신 맥주병은 현지 슈퍼마켓에 가져다줘야 했고, 와인병은 빈 병 회수용 용기에 넣어야 했으며, 신문은 신문용으로 마련된 특별 용기에 버려야 했다. 플라스틱은 다른 쓰레기와 분리해 버려야 했는데, 어떤 포장용기들은 분명히 플라스틱인 것을 알 수 있었지만 애매한 것도 있어서 분리에 애를 먹어야 했다. 알루미늄 호일은 보관해두어야 했고, 정원에서 나온 폐기물은 따로 처리해야 했다. 하지만 영국 가족은 곧 이런 시스템에 익숙해졌고, 체류기간의 막바지에 이르자 능숙하게 분리수거를 할 수 있게 되었다.

쓰레기 분리수거를 삶의 방식으로 받아들이고 있다.

환경의식도 높은 편으로, 삶의 다방면에 확대 및 적용되고 있다. 슈퍼마켓이 무상 비닐봉지를 제공하지 않기 때문에, 쇼핑 시에는 장바구니를 가져오거나 현장에서 구입해야 한다. 잔디를 깎는 시간이나 세차 시간, 집 밖으로 라디오를 틀 수 있는 시간 등 개인의 자유에 영향을 미치는 규제 사항도 있다.

## **아파트** 임대

오스트리아에서 한동안 머물 생각이라면, 아파트를 임대하고 싶을 것이다. 아파트 임대 정보는 신문 광고의 '부동산'란에서 확인할 수 있다. 대부분의 광고에는 월별 임대료와 아파트의 크기, 가구가 모두 비치되어 있는지 아니면 일부만 비치되어 있는지 정보가 기재되어 있다. 또한 물, 난방, 관리비 같은 명목의 추가비용이 있는지, 이 모든 비용이 한 달 임대료에 모두 포함되어 있는지도 명시되어 있는데, 이런 정보가 없는 경우에는 임대료에 포함되어 있지 않은 것이라고 생각하면 된다. 가스비와 전기세는 보통 추가비용으로 생각해야 한다. 아파트의 경우 중앙난방을 실시하는 경우가 많은데 각 집마다 난방 정도를 조절할 수 있게 해놓았고, 대부분의 집에는 단열 성능이 좋은 창이 설치되어 있다.

부동산중개소를 통하면 더 편리하게 아파트를 구할 수 있다. 중개소에는 보통 영어를 구사하는 직원이 존재하며, 혼자라면 발품을 팔아야 할 일들을 대신 처리해준다. 중개소에서 보여주는 매물의 월 임대료가 집주인과 직거래를 할 때보다 낮은 경우가 종종 있지만 중개소를 통해 계약하면 월세 3개월 치에 달하는 거래 수수료를 내야 한다는 것을 기억하자.

원하는 매물을 직접 방문해 확인한 뒤 관심을 표한다 해도, 집주인이 이미 예정된 방문 일정을 소화하고, 임차인 후보 중 원하는 사람을 선택하기까지는 며칠이 더 소요된다. 집주인이 마음을 결정하면, 곧 선택된 임차인에게 연락해 계약을 검토하고 계약서에 서명할 시간을 잡게 된다. 독일어를 유창하게 구사하는 것이 아니라면 계약서 조항에 익숙한 독일어 구사자를 데려가, 상당히 긴 계약서를 번역해야 한다. 보통 계약을 체결할 때 월세의 두 달에서 세 달치 보증금을 현금이나 계좌이체로 선납한다.

## 【이사】

오스트리아는 미터법을 사용하니, 이 점에 주의해 새로운 아파트에 내 소유의 가구가 들어갈 것인지 잘 확인해야 한다. 고국에서 가져온 아끼는 안락의자가 새로운 아파트의 거실 문을 통과하지 못하는 불상사가 일어날 수도 있으니 말이다. 좋은 점으로는 오스트리아의 침대가 미국이나 영국 침대보다 크고 훨씬 편안하다는 것을 들 수 있다. 미국이나 영국에서 가져온 침대 시트는 오스트리아 침대에 작을 수 있다는 것을 기억하자.

많은 오스트리아 사람들이 아직도 작은 냄비를 사용해 물을 끓이기 때문에, 아파트 내 전기주전자가 비치되지 않은 곳이 많을 것이다.

오스트리아는 구멍이 2개인 콘센트를 사용하며, 230V와 50Hz의 전압을 사용한다. TV는 PAL B 시스템을 채택하고 있다. 미국에서 TV를 가져왔다면 어댑터를 사용하거나, 현지에서 새 TV를 구입해야 한다. 미국의 DVD는 유럽의 DVD 기계에서 읽을 수 없다. 컴퓨터도 어댑터를 사용해야 하니, 오스트리아로 향하기 전에 확인하도록 하자.

## 일상생활

오스트리아 사람들은 다른 유럽국가 사람들보다 일찍 하루를 시작한다. 이들은 아침 6시에서 6시 반 정도 기상해서 7시나 8시까지 출근한다. 대중교통은 새벽 5시부터 운행을 개시한다. 오스트리아인들에게 아침식사는 중요한 한 끼다. 보통 빵이나 햄, 소시지, 치즈를 곁들인 롤을 먹고, 요구르트를 먹거나 전통 차 또는 허브티, 커피, 우유를 마신다.

　학교는 오전 7시나 8시에 시작된다. 아이들은 보통 도시락

을 싸 가지고 다니며, 원래 하교 시간은 이른 오후지만, 방과 후 활동이 점차 많아지고 있는 추세다.

전통적으로 점심은 하루 중 가장 주된 식사로 여겨지며, 스프, 뜨거운 고기나 생선 요리, 채소, 샐러드로 구성된 식사를 먹는다. 최근에는 채식주의 식단에 대한 관심도 높아지고 있다.

오후에는 커피와 케이크를 먹는 '야유제'라는 이름의 간식 시간을 즐긴다. 오스트리아는 진한 맛의 케이크로도 유명한데, 보통 휘핑크림과 함께 서빙된다.

저녁은 빵에 차가운 고기, 치즈, 절인 채소로 간단하게 먹는다. 보통 맥주와 와인, 사이다, 차는 저녁 식사시간에 마신다. 저녁식사는 오후 6시 정도에 먹지만, 술자리에 초대받았다면 저녁 내내 적은 양의 요리가 계속 제공될 것이다. 오스트리아 사람들은 주중에는 밤 10시 반 전에 잠자리에 든다. 때문에 저녁 8시 반이 넘은 시각에는 오스트리아인에게 전화를 걸지 말자. 이는

좀처럼 일어나지 않는 일로, 친구나 지인의 기분을 상하게 할지 모른다.

## 【 확실한 경계 】

오스트리아인에게 집은 자신만의 성城으로, 집 안에도 분명한 경계가 존재한다. 만약 앞마당이 있는 집에 방문한다면, 앞마당의 벨을 눌러 집에 들어가게 될 것이다. 앞서 살펴본 것처럼 많은 오스트리아인들이 실내에서 밖에서 신는 신발을 신지 않으니, 집에 들어가기 전에 신발을 벗는 게 좋을지 꼭 묻도록 한다.

집주인은 손님을 편안한 분위기의 방으로 안내하고, 그 외의 공간은 공개하지 않는다. 보통 집집마다 현관홀이 있는데 현관홀을 따라 걷다보면 모든 문이 닫혀 있는 것을 볼 수 있을 것이다. 아이들은 손님에게 인사하러 잠시 나왔다가 다시 자기들 방으로 사라질 것이다.

전통적인 오스트리아의 주부는 베푸는 것을 좋아하고 친절하며, 갓 구운 맛있는 케이크를 준비해놓기도 한다. 하지만 일하는 여성이 많아지고 삶의 압박감이 심해지면서, 제과점에서 이미 완벽하게 준비된 케이크를 구입하는 여성도 많아지고 있다.

## 가정생활

1970년대 초반, 오스트리아의 전통적인 가족 크기와 형태 그리고 사람들의 결혼관에 큰 변화가 생겼다. 출생률이 급감했고 가족의 크기가 작아졌으며, 독신가구, 한부모 가정, 동거, 결혼은 했지만 아이는 낳지 않는 딩크족이 늘어났고 이혼율도 폭증했다. 이런 추세는 아직까지도 계속되고 있다. 미혼 인구가 증가한 이유 중 하나로 여성들의 교육수준이 높아져 자신

만의 전문 직종을 가지고 경제적 여유를 가지게 되면서 경제적, 전통적인 아내와 엄마의 역할을 벗어나게 된 것을 꼽을 수 있다. 또한 결혼하지 않고 동거하는 사람들이 많아지면서, 동거에 대한 사회적 용인도가 높아진 것도 이유 중 하나다. 결혼을 하는 사람들도 이전 세대에 비해 늦은 나이에 하는 경우가 많다.

결혼 인구가 감소하는 것과 동시에 이혼율은 높아지고 있다. 이혼율은 빈에서 가장 높고 티롤 지역에서 가장 낮은데, 여기서 오스트리아의 전통 및 종교 가치가 도시에서는 취약하며 전통을 고수하는 알프스 지역에서는 아직 잘 유지되고 있음을 알 수 있다. 직장을 가지고 있고 자신만의 수입이 있는 여성은 '전통적' 가정주부에 비해 기꺼이 이혼을 실천에 옮긴다.

결혼의 테두리 밖에서 출생하는 아기도 늘고 있다. 일각에서는 이런 사회적 변화에 대해 우려의 목소리를 높이고 있다. 이들은 동거, 한부모 가정, 이혼율, 사생아의 증가와 출생률 감소는 가족의 기반인 전통적인 종교 가치와 사회적 가치의 위기를 보여준다고 말한다. 하지만 라이프스타일의 다양화는 오스트리아 사회가 현대화되고 다원적 사회로 발전해가면서 수반되는 피할 수 없는 결과라고 말하는 사람들도 있다.

대가족은 자녀를 많이 낳는 역사적·경제적 전통을 가진 농가와 교육수준이 낮은 노동자 계층에서 흔히 볼 수 있다.

## 교육

오스트리아의 교육은 무상이며, 학비를 내야 하는 사립학교도 있기는 하지만 소수에 불과하다. 오스트리아의 교육 체계는 미국과 영국 교육보다 더 폭넓고 심도 깊은 지식을 학생들에게 가르치고자 하며, 교육을 잘 받아 숙련된 인력을 배출하는 것을 목표로 하고 있지만 오늘날 오스트리아도 다른 유럽 국가와 마찬가지로 심각한 청년 실업에 시달리고 있다. 교사의 책임은 학생을 바른 길로 인도하는 것보다는 학과공부를 돕는 것에 더 초점이 맞춰져 있으며, 이에 따라 사제 관계는 영국의 그것보다 훨씬 더 딱딱하고 격식을 차리는 편이다.

오스트리아인들은 교육을 매우 중요하게 생각하며, 부모들은 자녀의 학과 공부에 큰 관심을 갖는다. 현재 오스트리아 공립교육체계의 기원은 1774년 마리아 테레지아 여제가 도입한 교육 개혁에서 찾을 수 있다. 당시 마리아 테레지아 여제는 교육개혁을 통해 6년간의 의무교육을 제공하며 국가 교육의 기반을 다졌다. 이후 1869년에 의무교육 기간은 8년으로 연장되었고, 1962년 다시 한 번 9년으로 연장되었다.

4년간의 초등학교(폴크스슐레) 과정을 마치면 10살이 된 아이들은 하우프트슐레(중등과정)나 김나지움(상위 중등과정)으로 나누어 진학한다.

하우프트슐레에서 4년 과정을 마친 뒤 1년짜리 폴리테크닉 과정을 듣거나, 이후에는 학비를 내야 하는 직업학교에 진학해 현장 실습을 체험할 수 있다. 대안으로는 하우프트슐레를 마친 뒤, 상위 중등과정에서 4년 과정을 수료하거나 아니면 직업학교 과정을 계속할 수 있는데, 직업학교 과정은 중급의 2~4년 과정을 밟거나 5년짜리 상급 과정을 밟을 수 있다.

김나지움은 8년짜리 과정을 제공한다. 김나지움에서 4년짜리 초등과정을 마친 뒤, 김나지움의 중급과정으로 진학하거나 상위 직업학교로 진학할 수도 있다. 두 학교 과정 모두 대학 입학의 자격이 되는 학위인 마투라Matura를 받는 것으로 과정이 종료된다. 미술대학이나 비주얼아트 아카데미에 진학하려면 특별 입학 요건을 충족해야 한다.

직업학교는 일반 교육과정과 함께 특정 전문 분야의 직업 훈련을 제공하는 것을 목표로 한다. 직업학교 과정을 수료하는 데는 2~5년이 소요된다. 직업학교는 상업 전문학교부터 비즈니스 학교, 사회복지, 농업, 삼림 관리 분야의 특별 직업 훈련을 제공하는 학교까지 다양하며, 기술, 상업, 예술 관련 훈련을 받을 수 있는 전문학교도 있다. 직업학교를 성공적으로 수료하면 해당 전문분야의 커리어를 계속 좇을 수 있는 자격을 얻은 것으로 간주된다. 또한 학제 내에서 전공을 바꾸는 것도 가능하다.

학교마다 가르치는 전공에 대한 자율권을 가지고 있어, 학생들의 독일어, 수학, 외국어 등 실력에 근거해 능력별 반 편성을 할 수 있다. 또한 시간표도 자율적으로 구성할 수 있어, 예술이나 스포츠 등 특정 분야를 강조해 학교별 고유 특성을 구축하기도 한다.

많은 전문학교 학생들이 학비를 벌기 위해 일과 공부를 병행하고 있으며, 20대 후반이 되어서야 학위를 마치거나, 추가 전문자격을 획득하는 사람도 흔하다.


## 징병제

오스트리아 남성들에게 군대 복무는 의무지만, 군 복무를 크게 반기는 남성은 없고 복무를 피하거나 연기하기 위해 기발한 수를 내는 사람들만 많아지고 있다. 오스트리아 남성은 군대에서 6개월을 복무하고, 이후 예비역으로 60일간의 보수교육을 받아야 한다. 각 예비역은 군복무를 마친 뒤 2년에 한 번씩, 10년 동안 매해 12일 동안의 예비군 훈련을 받아야 하는데, 대부분은 30대 중반이 되기 전에 예비군 훈련을 끝낸다. 또한 6개월 대신 7개월을 복무하고, 대신 예비군 훈련 기간을 줄일 수도 있다. 한 번에 8개월을 복무하고 아예 예비군 훈련을 받지 않는 사람들도 있지만, 이 결정은 군대의 재량에 따른다.

1974년에는 양심적 병역거부자에 한해, 농장 인부, 병원 잡역부 또는 다른 일로 군 복무를 대체하도록 허용하도록 하는 취지의 법이 통과되었다. 병역 면제도 후한 편이다. 군인들은 첫 훈련을 마친 뒤 일병을 단다. 향후 지도자가 될 가능성이 있는 이들은 더 긴 기간 동안 복무해 부사관(NCO) 지위를 획득한다. 직업군인이 되고자 하는 이는 3~4년 뒤 부사관 아카데미에 지원할 수 있고, 이후 선임 하사관 과정을 수료해 준위에 도전할 수 있다.

군 인사 시스템은 포괄적 공무원 체계에 없어서는 안 될 중요한 부분을 차지한다. 장교후보생부터 장군에 이르는 9가지 직위는 공무원 체계의 I등급부터 IX등급에 상응한다. 가장 높은 IX등급은 각 부문의 차관과 경력 대사, 3성 장군에 해당하고, VIII등급의 경우 참사관, 경력 공사, 준장에 해당한다.

공무원과 군인의 연봉 수준은 등급별로 동일하지만, 항공료와 위험수당 등 다양한 수당이 추가될 수 있다. 승진은 실적뿐 아니라 학력과 근속연수 등을 종합적으로 고려해 결정한다.

오늘날 징집된 군인들은 주로 오스트리아로 불법 입국하려는 시도를 막으며 국경 순찰에 아주 중요한 역할을 담당하고 있다. 홍수와 같은 국가적 위기 상황이 발생했을 때 군대는 적극적으로 소방서 등 지역 기구를 지원한다.

1998년 1월 1일부터는 여성도 오스트리아 군대에 복무할 수 있게 되었다.


## 습관적 불평

오스트리아에 갈 예정이라면, 여기저기서 오스트리아 사람들의 불평을 듣게 될 것이다. 사람들은 높은 물가, 비싼 임대료, 예의 없는 행동 등에 대해 툴툴거리고, 거의 모든 문제에 대해 자기 목소리를 높인다. 하지만 실제로 상황을 개선하기 위해 하는 일은 거의 없고 불만에 대해 정식으로 항의하거나 신고하는 경우는 극히 드물다.

## **라이프스타일의** 변화

오늘날 오스트리아에는 많은 변화가 일어나고 있다. 이웃의 공산주의 국가들이 붕괴하면서 많은 외국인들이 오스트리아에 일을 찾아 밀려들기 시작했고, 쇼핑을 위해 오스트리아를 찾는 외국인들도 많아졌다. 때로 현지인들은 이 새로운 무리의 사람들을 흡수하는 데 어려움을 느끼고, 현지인과 외국인 사이의 긴장이 불거지기도 한다. 2015년 이후 전쟁으로 폐허가 된 나라를 떠나온 난민들이 유입되면서 이 문제는 다시 화두에 올랐다. 최근 있었던 선거에서는 극우정당이 '이민과 오스트리아에 동화되려 하지 않는 이민자'를 주요 이슈로 삼으며 갈등을 조장했다. 하지만 빈은 이 문제에 다소 편안한 태도를 보인다. 과거 합스부르크 제국 시절, 슬로바키아의 수도 브라티슬라바와 헝가리 도시 쇼프론으로 쉽게 다닐 수 있었던 것을 기억하기 때문이다. 이런 배경 아래 빈은 다시 한 번 다문화 도시로 발돋움했지만 빈을 제외한 오스트리아의 다른 지역, 특히 시골 지역에서는 외지의 가치와 전통이 오스트리아의 전통과 관습을 위협한다고 걱정하는 이들이 많고, 이 때문에 갈등이 잦다. 이들 지역은 일자리를 찾아온 외국인 노동자, 그중에서도 특히 젊은 미혼 남성의 수가 늘고 있는 것을 크게 우려하고 있다.

앞서 살펴본 것처럼 한부모 가정이 크게 늘고, 은퇴자수가 크게 증가한 것도 변화 중 하나로 꼽을 수 있다. 2016년을 기준으로 오스트리아의 은퇴자 수는 225만 명, 노동인구는 349만 명이었다. 이처럼 은퇴자 수가 너무 많은 상황 때문에 은퇴 정년과 은퇴자 대상 복지 내용에 대한 논의가 불거졌다. 또한 다른 서유럽 국가들과 마찬가지로 오스트리아에도 결혼하지 않고 함께 사는 동거 인구와 독신 인구도 크게 늘었다.

# 06

## 여가시간

오스트리아 사람들은 자신들에게 주어진 넉넉한 여유시간을 제대로 즐길 줄 안다. 아침 일찍 일을 시작해 이른 오후 시간, 일을 마칠 때까지 열심히 일하지만, 그만큼 놀 줄도 안다. 직장인의 경우 연차도 넉넉히 제공되기 때문에, 대부분의 오스트리아인들은 일 년에 적어도 한 번씩은 외국으로 여행을 간다.

오스트리아 사람들은 자신들에게 주어진 넉넉한 여유시간을 제대로 즐길 줄 안다. 아침 일찍 일을 시작해 이른 오후 시간, 일을 마칠 때까지 열심히 일하지만, 그만큼 놀 줄도 안다. 많은 사람들이 금요일 정오부터 주말 모드로 들어가기 때문에, 일찌감치 교외로 떠나는 사람들로 금요일 오후부터 길이 막힐 정도다. 공휴일도 상당히 많은 편인데, 오스트리아인들은 가능한 경우 짧은 공휴일도 4일짜리 휴가로 만들어 길게 즐긴다. 공휴일이 목요일이나 화요일이면 금요일이나 월요일에 출근을 하지 않는 식으로 휴가를 늘리는 것이다. (안타깝게도 공휴일이 주말인 경우, 대체휴일이 제공되지는 않는다.)

직장인의 경우 연차도 넉넉히 제공되기 때문에, 대부분의 오스트리아인들은 일 년에 적어도 한 번씩은 외국으로 여행을

간다. 종종 멀리 떨어진 곳으로 여행을 가기도 하지만 짧은 국내 여행도 자주 즐긴다. 오스트리아인들은 건강에 신경을 아주 많이 쓰지만, 태양 아래 활동하는 것에는 거침이 없다. 이들은 한여름의 뜨거운 태양 아래 걷고 하이킹하며 사이클링하고, 한겨울에는 강렬한 태양 아래 스키를 즐긴다. 피서객 수는 은퇴자들의 영향으로 늘어나고 있는데, 피서객 중 177만 명이 은퇴자들이며, 그들 중 상당수는 아직도 상대적으로 젊다고 할 수 있다.

## 쇼핑

오스트리아 사람들은 쇼핑을 사랑한다. 하지만 미국이나 영국 사람들보다는 아직도 현지의 오프라인 전문 매장에서 훨씬 더 많이 쇼핑하는 편이다. 오스트리아 사람들은 오직 오스트리아에서 생산한 식재료와 식품을 사려고 노력한다. 모든 육류와 유제품, 채소 제품은 최우수 품질 기준을 만족하며, 슈퍼마켓에서도 현지에서 생산된 제품을 구입할 수 있다. 오스트리아에서 생산된 모든 제품에는 '오스트리아 생산'이라는 스탬

프가 찍혀 있다. 오스트리아는 유전자 조작 작물을 허용하지 않고 있으며, 이국적인 과일과 식품만 수입한다.

오스트리아인들은 신선식품의 질을 중요하게 생각하고, 제철 식품을 즐긴다. 아스파라거스와 버섯 철이 되면 엄청난 양의 아스파라거스와 버섯을 소비한다. 대부분의 소도시와 마을에는 채소와 과일, 육류, 생선, 기름 그리고 독한 술인 슈냅스를 파는 장이 들어선다. 유기농 제품에 대한 수요가 크며, 오스트리아 산 유기농 제품은 매우 높은 품질을 자랑한다.

상점이나 슈퍼마켓은 무상 봉투를 제공하지 않으므로, 쇼핑하러 갈 때는 장바구니나 가방을 들고 가야 한다. 슈퍼마켓

에서도 비닐봉투를 구입할 수 있지만 재활용 규제 때문에 최고 규격의 봉투만 판매되고 있음을 기억하자. 오스트리아인들은 상점 안에서 만나는 모든 사람과 '그뤼스고트(신께서 함께 하기를)' 혹은 '구텐모르겐('안녕하세요'에 해당하는 아침인사)'이라고 인사한다. 헤어질 때는 '아우프 비더젠(또 만나요)'라고 인사한다.

## 【 토요일과 일요일의 휴무 】

주중 상점들은 오전 8시나 9시에 영업을 개시해 오후 6시에 문을 닫지만, 이보다 더 일찍 여업을 시작하는 상점도 많다. 특히 시골 지역의 많은 상점들이 그러하다. 오전 6시에 문을 여는 제과점이 대표적인데, 정오부터 오후 2시 30분까지는 점심 시간으로 영업을 잠시 중단한다. 토요일에도 오후 6시까지 영업하는 상점이 간혹 있지만, 상당수는 점심 시간대에 문을 닫는다. 일요일이 되면 도시나 꽤 큰 마을 안은 물론 근처의 일반 상점, 슈퍼마켓, 신문가판대까지도 모두 문을 닫고, 제과점은 이른 아침 몇 시간만 영업했다가 곧 문을 다시 닫는다. 신문은 도시의 거리 가로등 기둥에 설치되어 있는 무인 계산 신문 주머니에서 꺼내 사서 볼 수 있다. 일요일에 문을 여는 상점은 24시간 영업하는 주유소가 유일하며, 그마저도 대부분은 무인 결제 시스템을 통해 계산해야 한다.

## 은행

은행은 오전 8시부터 오후 12시 반, 오후 1시 반부터 3시까지 영업하고, 목요일은 특별히 5시 30분까지 연장 영업한다. 토요일과 일요일은 휴무다.

　현금은 전국 3,000여 개의 현금인출기에서 언제나 인출할 수 있다. 일부 시골 지역의 경우, 현금인출기가 은해 안에 설치되어 있기도 하지만, 은행 영업시간이 아니라도 현금인출기는 이용할 수 있다. 오스트리아와 외국의 마에스트로 카드(직불카드), 마스터카드, 아메리칸 엑스프레스, 비자, 다이너스, 시러스, 비자 플러스 현금카드 등을 사용할 수 있다. 매장에서 물건을 사면서 현금 인출도 할 수 있는 '캐시백 서비스'는 제공되지 않고 있다.

　사용하는 통화는 유로로, 2003년 유로를 도입하기 전에는 오스트리아 쉴링을 사용했다. 오스트리아의 대부분 지역, 특히 시골은 현금을 주로 사용하는 사회로, 대부분의 거래가 현금으로 이뤄진다. 신용카드는 도시와 관광 중심지의 호텔, 레스토랑, 상점, 주유소에서 사용할 수 있다. 신용카드의 이용 가능 여부는 상점 문에 붙어 있는 로고를 보면 알 수 있다.

대부분의 오스트리아인들은 자유입출금계좌와 저축계좌를 둘 다 가지고 있다. 요금 납부 시에는 자유입출금계좌에서 자동이체를 하거나, 지로번호를 이용해 직접 납부할 수 있다.


## 먹고 마시기

### 【 외식 】

오스트리아에는 미식의 전통이 전해 내려오고 있고, 사람들은 식도락을 즐긴다. 어딜 가든 음식 맛은 훌륭하고, 양도 넉넉한 편이다. 많은 사람들이 먹고 마시는 것을 취미 삼아 살고 있고, 유명한 레스토랑에 방문하기 위해 혹은 지역 별미나 제철음식을 맛보기 위해 먼 길을 선뜻 떠나는 이들도 적지 않다. 오스트리아에는 민물고기 요리나 사슴 요리 등을 전문으로 하는 레스토랑이 있어 한 번쯤 맛 볼만 하다.

시중에 먹고 마시는 것을 안내하는 가이드북이나 잡지가

많이 출시되어 있으니 참고해도 좋다. 인기 레스토랑의 경우, 특히 주말이나 공휴일이면 많은 사람들로 붐빌 수 있다는 것을 명심하자. 사전에 예약을 해야 할 수도 있다.

오스트리아 사람들은 삼시세끼 중 점심을 가장 거하게 챙겨 먹는데, 그것도 이른 점심시간에 먹는다는 것을 기억하자. 만약 오후 12시 반이 되었는데도 레스토랑이 반쯤 비어있다면 별로 좋은 징조가 아니다. 또 '24시간 뜨거운 요리 제공 ganztägig warme küche'이라고 쓰여 있지 않은 레스토랑에서는 저녁 메뉴가 매우 한정적일 수 있다. 오후 2시 넘어서는 뜨거운 요리를 제공하지 않는 레스토랑도 많다. 마찬가지로 시골지역에서는 밤 9시 이후 먹을 곳을 찾기가 쉽지 않다. 대부분의 레스토랑은 월요일이나 화요일에 문을 닫는다. 도시의 일부 레스토랑들은 토요일 휴무를 실시하기도 한다. 휴가 기간에 가족이 경영하는 작은 레스토랑에 방문할 예정이라면, 당신이 방문하는 기간 동안 레스토랑이 영업을 하는지 먼저 확인하자. 지역 상점이나 레스토랑, 식당의 경우 휴가기간 동안 주인이나 직원이 휴가를 떠나 약 2주간 문을 닫는 경우가 흔하다.

'메뉴'라고 하면 흔히 단품 메뉴가 죽 적혀있는 메뉴판을 생각하지만, 오스트리아에서 '메뉴'는 고정가격으로 여러 음식을 즐길 수 있는 세트 메뉴를 의미한다. (보통은 나오는 음식 코스에 따라 2~3가지 가격대의 코스가 제공된다.) 우리가 흔히 알고 있는 메뉴판을 오스트리아에서는 '슈파이제카르터' 혹은 줄여서 '카르터'라고 부른다. '카르터'를 달라고 하면, 보통 레스토랑에서 맛볼 수 있는 모든 단품 메뉴를 여러 장에 걸쳐 적어놓은 일반 메뉴와 오늘의 메뉴를 적은 '타게스카르터', 이렇게 두 가지 메뉴판을 줄 것이다. 대부분의 레스토랑이 영어 메뉴판도 제공하니 달라고 요청하자.

보통 레스토랑 밖에도 슈파이제카르터와 타게스카르터가 진열되어 있어 어떤 음식을 어느 정도 가격대에 먹을 수 있는

지 관련 정보를 대부분 파악할 수 있다. 고정 가격의 세트 메뉴는 점심시간에 많이 제공되며, 가격 대비 아주 훌륭한 식사를 할 수 있는 곳들도 있다. 점심의 세트 메뉴를 먹는 경우, 음식 양은 단품 메뉴보다 적을 수 있지만, 점심 세트 메뉴 자체의 양도 결코 적지 않아 든든하게 식사할 수 있다. 오스트리아에서 맛없는 음식을 먹기란 아주 드문 일이다. 오스트리아 사람들은 사슴, 오리, 생선 등 다양한 요리를 즐기지만 가장 흔히 사용되는 육류는 돼지고기다. 한편 최근에는 채식주의 요리를 판매하는 곳이 많아지고 있다.

레스토랑에 남녀가 함께 오는 경우, 남자가 먼저 문을 열고 들어와 여자를 위해 문을 잡아준다. 레스토랑 문을 열고 들어와 카운터로 바로 직진하는 경우는 거의 없으며, 문 안쪽에서서 웨이터가 다가와 인사하고, 자리를 안내해줄 때까지 기다린다. 레스토랑이나 음식점에서 금연실을 찾기란 어려울 것이다. 하지만 역이나 상점, 병원 등 공공장소에서의 흡연은 금지되어 있고, 2018년에는 드디어 오스트리아도 레스토랑 전체를 흡연 금지 구역으로 지정할 예정이다.

레스토랑에서의 주문은 두 단계로 이뤄진다. 먼저 웨이터나 웨이트리스는 메뉴판을 건네주고 그 자리에서 즉시 음료 주문을 받을 것이다. 그런 다음 주문한 음료를 편안하게 마시면서 먹을 음식을 고르고 있으면, 수 분 내로 담당 웨이터나 웨이트리스가 다시 돌아와 음식 주문을 받는다.

지역에서 막 제조된 새 와인은 매우 독하다. 때문에 대부분의 오스트리아 사람들은 와인과 함께 물 한 병도 같이 주문해서 마신다. 음식을 먹으면서 음료를 주문하지 않는 사람은 거의 없다. '프로스트'는 건배를 의미하며, 건배 시에는 잔을 들어 쩅그랑 소리가 나게 부딪친다.

레스토랑 주방은 주문을 받은 뒤 요리에 들어가기 때문에, 같은 테이블에 앉았다 하더라도 주문한 요리가 모두 동시에 나오지는 않는다. 내 요리가 먼저 나왔다면 먼저 먹기 시작하자. 다른 사람들의 요리가 모두 나올 때까지 당신이 기다릴 것이라고 생각하는 사람은 없다. 먹기 전에는 보통 '말자이트(맛있게 드세요)', 혹은 '구텐 아펫티트(맛있게 드세요)'라고 인사한다.

사람들로 붐비는 레스토랑, 특히 와인 주점에서는 모르는 사람들과 동석하는 경우도 왕왕 있다. 충분히 재미있을 수 있으니 너무 당황해하지 말자. 오스트리아 사람들은 아주 사교적이기 때문에, 이런 방식으로 새로운 친구나 지인을 사귀게 되는 경우도 많다. 외식이 꼭 비싼 것은 아니라, 일요일 점심이면 온 가족이 동네 레스토랑에서 모여 식사를 한다.

## 【 웨이터와 웨이트리스 】

웨이터나 웨이트리스에게 부탁할 것이 있는 경우, 보통 팔을 들어 시선을 유도하거나, 필요한 경우 '헤아오버' 또는 '프로이라인'이라고 부를 수 있다. 계산하려면 '차런 비테'라고 말한다. 일행이 계산을 나눠 하는 것은 흔한 일이지만, 자신이 주문한 메뉴가 무엇인지 기억했다가 웨이터나 웨이트리스에게 이야기해줘야 한다는 것을 기억하자. 식탁에 놓인 바구니에서 빵을 먹었다면, 빵 값이 계산서에 청구된다.

---

### · 팁 문화 ·

이미 레스토랑 청구서에 10~12%의 서비스비용이 청구되어 있으니, 그 이상을 주는 것은 전적으로 손님의 선택에 달린 문제다. 하지만 많은 사람들이 센트 단위를 올림해 유로로 계산하고, 원하는 잔돈 액수를 말한다.

미터기에 요금이 표시되는 택시에서도 청구액의 센트 단위를 올림해 유로로 계산하는 일이 흔하다.

---

　패스트푸드를 먹고 싶다면, 노상의 '뷔르슈텔스탄트'를 시도해보자. 바쁜 업무에 쫓기는 도시 직장인 틈에 서서 머스터드를 뿌린 매운 소시지롤을 먹을 수 있다. 다양한 패스트푸드점 체인도 있지만, 이런 패스트푸드점은 보통 여행객이나 젊은층이 이용한다.

## 【카페 문화】

오스트리아 사람들은 커피를 많이 마시는 것으로 유명하다. 오스트리아 내에서는 빈의 커피문화가 가장 발달해, 빈에는 많은 커피하우스가 성업 중이다. 오스트리아인은 그냥 '커피'를 주문하는 것이 아니라 자신이 가장 즐겨 마시는 커피 음료의

이름으로 커피를 주문한다. 커피 메뉴를 보면 30여 개의 다양한 커피 이름을 확인할 수 있을 것이다.

커피하우스는 편안하게 앉아 쉬거나 뉴스를 읽거나 인생의 즐거움을 만끽할 수 있는 최고의 장소다. 작가와 아티스트, 배우, 오페라 가수, 기자, 정치인들이 자주 나타나는 카페도 있다. 비평가 칼 크라우스와 혁명가 트로츠키도 커피하우스에 앉아 오가는 사람을 관찰했다.

## 【 디저트와 케이크 】

오스트리아는 훌륭한 케이크와 디저트로도 유명하다. 아직까지도 그 레시피가 비밀에 싸여 있는 초콜릿 케이크 자허토르테, 아몬드 머랭에 버터크림 필링을 4~5층으로 쌓은 에스터하지토르테, 애플파이와 비슷한 아펠 슈트르델과 달콤한 커드치즈 필링을 채운 토펀 슈트르델, 건포도를 넣은 두툼한 팬케이

## 커피 메뉴

**클레이너 브라우너**

에스프레소 샷에 우유를 넣은 커피

**그로써 브라우너**

에스프레소 더블 샷에 우유를 넣은 커피

**페어랭거터**

에스프레소 샷에 뜨거운 물을 더한 커피

**모카**

아주 진한 블랙 드립 커피

**멜랑즈**

빈 로스트 커피 1/2에 뜨거운 우유 1/2을 섞어 만든 커피로 휘핑크림을 얹어 먹기도 함

**프란치스카너**

프란체스코회 수도회의 승복 색깔(연갈색)을 연상하게 할 정도로 우유를 많이 넣은 커피

**카푸치너**

프란치스카너보다 우유를 덜 넣어 카푸친 수도회의 승복 색깔을 연상하게 하는 커피

**누스브라운**

'견과류 갈색'을 띠는 커피, 카푸치너보다 색이 더 연함

**누스골드**

'견과류 황금색'을 띠는 커피, 카푸치너보다 두 단계 정도 밝음

**카푸치노**

에스프레소 샷에 뜨거운 우유 거품을 넣은 커피

**아인슈패너**

톨 에스프레소에 우유를 넣고 휘핑크림을 넉넉하게 얹은 커피

**피아커**

뜨거운 커피에 럼이나 브랜디를 넣은 것으로, 휘핑크림을 얹어 즐기기도 함. 때로 파리제라고 부름

**터키샤**

구리컵에 담아 서빙하는 터키 스타일로 내린 커피

**에스카페**

바닐라 아이스크림과 휘핑크림을 얹은 아이스커피

크 카이저슈마렌, 팬케이크 팔라칭케, 커다란 머랭의 잘츠부르크 노케를이 유명하니 기회가 된다면 먹어보자.

## 【 알코올 】

오스트리아는 훌륭한 와인 산지지만, 오스트리아산 최고 품질 와인의 진가는 아직 잘 알려지지 않았다. 오스트리아 사람들은 유쾌한 분위기에서 술 마시는 것을 즐기고, 대부분은 알코올에 대해 건전하고 분별력 있는 태도를 가지고 있다. 와인을 마실 때는 물도 한 병 같이 시켜서 마시는 것이 보통이고, 운전을 해야 하는 사람은 탄산음료를 고수한다. 오스트리아 사람들은 과도한 음주를 사회적으로 용납할 수 없는 행위라고 생각하며, 과음을 동정의 눈길로 바라보지 않는다. 음주운전에 대해 엄격한 법규가 시행되고 있고 교통사고 중 상당수의 원인이 바로 음주운전에 의한 것이니, 최고의 조언은 '음주운전은 절대 하지 말라'는 것이다.

오스트리아에 방문했다면 다른 곳에서는 할 수 없는, 새롭고 특별한 경험을 할 수 있을 것이다. 먼저 와인 양조자의 와인 창고나 정원을 의미하는 호리이거에서 술을 마셔보자. 오스트리아 사람들은 호리이거에서 술을 마시고 시간 보내는 것을 무척 즐긴다. 소나무 가지 뭉치 아래 아우스그슈텍트라는 간판이 달려있다면, 이는 가족이 운영하는 현지의 포도밭에서 제조된 와인을 독점 공급한다는 것을 의미한다. 빈에서는 저녁의 외출 또는 사교 행사에 음악이 빠지지 않는다. 호리이거에서는 와인에 관한 가사와 빈 사람들의 여유롭고 태평한 태도에 대한 가사의 전통음악을 연주하고 또 노래 부른다.

빈과 오스트리아의 북동부, 부르겐란트주 사람들은 와인을 선호하지만 잘츠부르크, 스티리아, 오스트리아 북부 사람들은 맥주를 더 좋아한다. 오스트리아 사람들은 개방된 공간에서 먹고 마시기를 즐겨, 모든 레스토랑이나 식당에는 정원이나 테라스가 있다.

　오스트리아의 와인 산지는 다뉴브 분지에서부터 헝가리와 크로아티아와 국경을 맞대고 있는 동부와 남부지역에 위치한다. 주로 작은 독립 생산업자들이 와인용 포도를 재배하는데, 이들은 포도를 대량생산하는 것보다는 고품질의 와인용 포도를 재배하는 데 특화되어 있다. 전 세계에서 가장 엄격한 와인 관련법을 제정해 시행 중인 오스트리아는 세계 최대의 오가닉 와인 산지 중 하나다.

　가장 인기 있는 화이트와인용 포도 품종으로는 그뤼너 펠트리너를 들 수 있는데, 이는 오스트리아에서만 재배되는 품종이다. 술술 넘어가는 가볍고 상쾌한 맛에 톡 쏘는 뒷맛을 특징으로 한다. 이밖에도 리슬링, 게뷔르츠트라미너 등 여러 화이트와인용 포도 품종이 재배되고 있다. 노이지들러 호수 근처에서는 쯔바이겔트, 블라우프랜키쉬 같이 뛰어난 품질의 레드와인용 포도가 재배되고 있다. 또한 이곳은 아이스바인과 같은 최상급 디저트와인용 포도 품종 재배지로도 세계적 명성을 누리고 있다. 아이스바인은 10월 말의 어느 추운 날 아침, 언 상태의 포도송이를 수확해 결정상태가 된 수분이 빠져 나가고 남은 농축 포도즙으로 만든다. 생산할 수 있는 양이 극히 적지만 맛만큼은 최고를 자랑한다. 스티리아에서도 고품질의 리슬링과 샤르도네, 로제와인용 쉴허 등 품종이 재배되고 있다.

오스트리아는 맥주를 대량 소비하는 나라일 뿐 아니라, 고품질 맥주의 생산국이기도 하다. 다양한 유형의 맥주가 생산되는데 가장 흔히 볼 수 있는 것은 메르첸이다. 메르첸은 영국의 라거나 독일의 헬레스와 비슷하다고 볼 수 있다. 지역마다 흑맥주와 특수맥주를 양조하는 양조장이 있다.

오스트리아 북부와 오스트리아 북동부, 스티리아, 케른텐에서는 사이다나 페리(배 즙으로 만든 사이다를 발효시켜서 만든 음료)와 비슷한 종류의 모스트가 많이 생산된다. 발표가 덜 된 햇와인, 슈투엄은 포도를 수확한 뒤 마신다.

식사를 다 마치면 살구, 겐티아나 뿌리, 마가목 빨간 열매나 다양한 종류의 허브를 넣고 만든 슈냅스(과일 브랜디)를 마신다. 오스트리아 전역에는 약 20,000개의 소규모 슈냅스 양조장이 운영 중이며, 이를 셀베르브렌터나 하우스브란드라고 부른다.

이밖에도 오스트리아에는 맛있는 과일주스가 많고, 물도 인기 음료 중 하나다. 또 오스트리아 남녀노소에게 큰 사랑을 받고 있는 탄산음료, 암두들러를 빼놓을 수 없다. 암두들러는 물, 설탕, 허브 진액을 넣어 만든다. 원래는 알코올 대용으로 만들었지만, 와인이나 맥주와 섞어 마시기도 한다. 맥주와 섞은 것을 '라들러'라고 하는데, 갈증을 해소하는 데 그만이다.

## 레저

대부분의 오스트리아 마을에는 관광 안내소가 있어, 마을에서 방문할 만한 곳들과 해야 할 일들, 봐야 할 것들을 광고하고 홍보한다. 실내외에서 다양한 액티비티를 경험할 수 있다.

## 【 축제 및 테마파크 】

유명한 국제 페스티벌 외에도 각 소도시와 마을에서는 자체 연례 페스티벌, 소방관 축제, 사격 페스티벌 등 다양한 축제가 열린다. 오스트리아에 테마파크가 생긴 지는 얼마 되지 않았지만 남녀노소 즐거운 시간을 보낼 수 있는 곳이 몇 군데 있다. 빈의 프라터 놀이공원과 인스부르크 근교의 바텐스에 위치한 스와로브스키 크리스탈 월드가 대표적이다.

## 【 고급문화 】

오스트리아는 수많은 박물관과 성, 궁전, 수도원은 물론, 그 어느 나라와도 비교할 수 없는 뛰어난 음악적 유산을 간직하고 있다. 전설적인 작곡가 중 많은 이들이 오스트리아 출신인데, 이 작은 나라에서 다 나왔다고는 믿을 수 없을 정도다. 오스트리아는 다른 유럽 국가에서는 볼 수 없는 방식으로 음악과 연극을 중요하게 생각한다. 또한 소수의 상류층, 중산층뿐 아니라 모든 국민이 이에 참여할 기회를 갖고 즐긴다.

오스트리아 사람들은 음악과 연극에 촉각을 곤두세우고 산다. 가십거리를 주로 다루는 타블로이드지도 제1면의 지면을 상당량 할애해 잘츠부르크 페스티벌에서 초연될 오페라 작품에 관한 정보를 실을 정도다. 해외에서 활동하고 있는 오스트리아 출신 감독과 배우들의 활동도 열심히 챙긴다. 연극 평론가와 오페라 평론가는 좋은 작품과 배우에는 호평을 아끼지 않지만, 실패한 작품이나 역할에는 공공연한 비판을 서슴지 않는다. 매 시즌, 오스트리아 전국 TV 방송국 ORF는 황금시간대에 잘츠부르크, 브레겐츠, 모르비쉬 등지에서 열리는 음악제의 실황을 방송한다.

1년 방송의 하이라이트는 세계적으로 유명한 빈의 신년음악회 방송이다. 오페라와 연극배우들은 스키선수나 팝스타만큼이나 큰 인기를 누린다. 연방정부는 빈 국립 오페라하우스뿐 아니라, 부르크 극장, 비엔나 스페인 승마학교, 빈 소년 합창단 등에도 보조금을 지급하고 있다.

클래식 오페라, 오케스트라 음악회, 발레에 더해, 재즈와 포크 음악도 크게 번성하고 있다.

각 지방 정부는 오페라와 연극에 보조금을 지급하고 있고, 이 덕분에 이런 공연들은 모든 사람이 즐길 수 있는 합리적인 가격에 상영되고 있다. 어느 공연이든 5유로면 입석표를 구입해 관람할 수 있기 때문에 사회의 각계각층이 공연을 보러 온다. 오페라와 전국적 페스티벌에 참석할 때는 보통 정장과 이브닝

드레스를 차려입니다. 이러한 행사에 모습을 드러내는 것은 여전히 중요하게 여겨지며, 입장권을 구하기가 힘든 경우가 많다.

| 오스트리아 출신의 대표 작곡가 |
|---|
| 요제프 하이든 (1732-1809) |
| 레오폴트 호프만(1738-1793) |
| 볼프강 아마데우스 모차르트 (1756-1791) |
| 마리아 테레사 폰 파라디스(1759-1824) |
| 프란츠 크사버 쥐스마이어(1766-1803) |
| 요제프 바이글(1766-1846) |
| 벤젤 뮐러(1767-1835) |
| 요한 네포무크 후멜(1778~1837) |
| 카를 체르니(1791-1857) |
| 프란츠 슈베르트(1797-1828) |
| 요한 슈트라우스 1세(1804-1849) |
| 안톤 브루크너(1824-1896) |
| 요한 슈트라우스 2세 (1825-1899) |
| 요제프 슈트라우스(1827-1870) |
| 구스타프 말러(1860-1911) |
| 요한 슈트라우스 3세 (1866-1939) |
| 아르놀트 쇤베르크(1874-1951) |
| 프리츠 크라이슬러(1875-1962) |
| 프란츠 슈레커(1878-1934) |
| 로베르트 슈톨츠(1880-1975) |
| 안톤 베버른(1883-1945) |
| 알반 베르크(1885-1935) |
| 에곤 요제프 벨레스(1885-1974) |

## 【 대중문화 】

오스트리아의 라디오 방송 프로와 대중음악이 점차 국제화되면서 오스트리아만의 정체성은 흐려지고 있다. 여전히 강력한 오스트리아만의 팝 문화가 존재하기는 하지만, 라디오 방송국에는 수많은 영어 노래가 흘러나온다. 오스트리아 팝 문화는 거대한 팬층을 거느린 몇몇 유명 아티스트를 바탕으로 하고 있다.

독일과 마찬가지로 오스트리아도 공적인 장소에서의 성적 표현에 관대하다. 빈에서는 매해 동성연애자들이 펼치는 '러브 퍼레이드'가 열린다.

## 【 스포츠 】

오스트리아 사람들은 스포츠에 대단한 열정을 가지고 있다. 대부분의 사람들은 관람만 하는 것이 아니라 실제로 스포츠에 열심히 참여한다. 사람들은 축구, 사격, 수영, 육상, 승마, 포뮬러원 대회 등에 지대한 관심을 가지고 챙겨보지만, 국제 대회에서 가장 뛰어난 성적을 거두는 종목은 알파인 스키다. 오스트리아 사람들은 일상생활에서 조깅과 노르딕 워킹(양손으로 스틱을 사용하며 걷는 스포츠), 수영, 하이킹, 스키, 사이클링을 즐긴다.

스키는 오스트리아 전국이 열광하는 스포츠다. 오스트리아인이라면, 걷기 시작할 때부터 스키 타는 법을 배운다. 오스트리아는 동계 스포츠를 아주 진지하고 심각하게 생각한다. 또 월드컵이나 올림픽 기간이 되면 숨죽이고 경기를 관람한다. 오스트리아의 관광과 경제는 오스트리아의 알파인 스키 국가대표팀의 성공과 매우 밀접한 관계를 갖는다. 오스트리아의 스키장비 제조사들의 한 해 영업 실적도 이 선수들의 성적에 크게 좌우된다. 오랫동안 국제스키대회에서 상위권 성적을 유지하고 있는 오스트리아는 부러울 만큼 그 명성을 잘 지키면서, 성공적으로 신예를 양성하고 있다.

## 【 오스트리아인들의 시골 사랑 】

오스트리아의 모든 도시와 마을은 푸른 녹지로 둘러싸여 있고, 어디에서든 쉽게 시골에 갈 수 있다. 대부분의 사람들이 주기적으로 시골에 가서 자연을 즐기고, 도시에 사는 사람들 중 시골에 아예 작은 집을 마련해 놓은 경우도 적지 않다. 단체 하이킹과 트래킹은 사이클링과 함께 특히 인기 있는 활동이다. 많은 은퇴자들이 할인 철도요금을 활용해 시골에 가서 산길을 따라 걷거나 다뉴브강을 따라 사이클링을 즐긴다. 학교 방학이 시작되기 전 초여름이면 나이가 지긋한 사람들이 최고급 라이더 복장을 하고 뒤뚱거리며 강둑을 따라 자전거를 타는 모습을 흔히 볼 수 있다. 조금 더 건강한 사람들은 가파른 산을 올라 산 정상에서 멋진 전경을 바라보고 야생화 꽃밭 경치를 구경한다.

# 07

## 오스트리아 여행의
## 이모저모

오스트리아에는 산악 지대가 많지만, 도로망이 잘 구축되어 있고 도로 상태도 좋아 아무리
외진 마을이라도 자동차나 대중교통을 이용해 쉽게 갈 수 있다. 빈의 대중교통은 저렴한데다
시설도 최고라 자가용을 타고 다닐 필요성을 거의 느낄 수 없다. 오스트리아 사람들은 여행
을 사랑한다. 이들은 사교적이고 상대를 배려하며, 기차나 버스로 장거리를 여행할 때는 옆
자리에 앉은 사람과 대화를 즐긴다.

오스트리아에는 산악 지대가 많지만, 도로망이 잘 구축되어 있고 도로 상태도 좋아 아무리 외진 마을이라도 자동차나 대중교통을 이용해 쉽게 갈 수 있다. 인프라 시설이 잘 구축되어 있고 철도 서비스는 시간을 어기는 법 없이 운행되며, 친절하고 편안하다. 빈의 대중교통은 저렴한데다 시설도 최고라 자가용을 타고 다닐 필요성을 거의 느낄 수 없다. 오스트리아 사람들은 여행을 사랑한다. 이들은 사교적이고 상대를 배려하며, 기차나 버스로 장거리를 여행할 때는 옆 자리에 앉은 사람과 대화를 즐긴다.

## 운전

오스트리아 사람들은 보통 질서를 잘 지키고 규칙에 순응하지만, 운전대 앞에만 앉으면 무질서한 사람으로 변신한다. 당신이 자동차를 운전해 이제 막 오스트리아 국경에 진입했다고 하자. 적당한 속도로 아름다운 경치를 구경하며 운전하고 있는데, 당신 뒤로 몇 대의 오스트리아 현지 차가 달라붙는다. 그리고 당신이 급커브를 도는 순간 갑자기 뒤에 있던 오스트리아 차가 불쑥 당신 차를 추월한다. 이렇게 오스트리아 운전자들은 아주 난폭해질 수 있다. 만약 당신 차가 운전석이 오른쪽에 있는 영국 차라면, 더욱

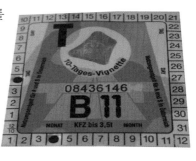

조심해야 할 것이다. 오스트리아의 전 국민, 심지어 버스 운전사들마저도 영국 차는 무조건 추월하려 하니 말이다.

이 점을 제외하고는 오스트리아에서의 운전은 유쾌한 경험이 될 것이다. 도로 상태는 최상이고, 도로 표지도 잘 정비되어 있다. 고속도로를 이용하려면 통행권을 제시해야 한다. 고속도로 통행권은 트라픽이라고 하는 신문가판대나 담배 가게, 주유소에서 구입할 수 있으며, 1일권, 2달권, 1년권이 있다.

【 교통위반 단속 】

경찰관은 교통법규를 아주 엄격하게 집행한다. 교통법규 위반이 발각될 경우 매우 무거운 벌금이 부과되며, 현장에서 바로 납부가 가능하다. 현장에서 납부하는 경우, 벌금을 부과한 경찰관에게서 반드시 정식 영수증을 받도록 하자. 벌금을 놓고

## • 오스트리아의 교통안전 •

· 항상 헤드라이트를 켜고 운전한다.

· 도로 한편으로 걷기 위해서는 반드시 형광 조끼를 착용해야 한다. 형광 조끼는 트렁크가 아닌, 차 안에 가지고 다닌다.

· 안전벨트 착용은 필수다. 12세 이하의 어린이는 반드시 적절한 카시트나 부스터 시트를 이용해야 한다.

· 안경을 착용하는 운전자의 경우, 차 안에 여분의 안경을 항상 비치한다.

· 운전면허증, 보험증서(그린카드), 자동차 등록서류 및 소유 증명서는 항상 소지한다.

· 운전 중 휴대전화 사용은 엄격히 금지되어 있다.

· 별도의 표시가 없는 이상, 오른쪽의 차량이 무조건 주행 우선권을 갖는다.

· 로터리에 진입할 때 특히 주의해야 한다. 로터리 안을 돌고 있는 차량이 우선권을 갖는다.

· 대도시나 큰 마을의 경우 교통체증이 일찍 시작된다. 새벽 6시부터 길이 심하게 막힐 수 있으니 이에 대비해 계획을 짜도록 한다.

- 오스트리아는 많은 관광객들이 거쳐 가는 나라다. 학교 방학 기간이나 공휴일에는 차가 많이 막힐 수 있으니 유의하자. 독일의 학교 방학이 시작되면 오스트리아의 교통체증은 더 심해지니, 운전 전에 확인하도록 하자.

- 어디에서나 자전거를 타는 사람들을 볼 수 있다. 빈에서는 종종 보행자의 길을 가로막는 자전거 도로를 주의해야 한다.

- 법적으로 횡단보도 앞에서는 무조건 정차해야 한다. 우회전 시에는 앞차가 보행자 때문에 급정차할 수 있으니 유의하자.

- 트램이 주행 우선권을 갖는다. 주행 중 트램 뒤에 서게 된다면, 법적으로 트램의 모든 승객이 내리고 거리에 사람이 하나도 없게 되었을 때 다시 주행을 시작할 수 있다. 이를 무시하고 그냥 지나쳐서는 안 된다.

- 맞은 편 차에게 라이트를 깜빡거리는 것은 '먼저 지나가세요'라는 의미가 아니라 '내가 먼저 지나가겠다'는 의미다.

- 주차금지 구역은 아주 명확하게 표시되어 있다. 밤 시간 가로등이 없는 구역에 주차하는 경우, 주차등을 반드시 켜야 한다. '블루존'에서는 주차 시간을 알리기 위해 카드보드지 시계를 비치해 놓아야 한다. 카드보드지 시계는 주유소에서 무료로 받을 수 있다. 주차 가능 시간은 항상 제한되어 있다.

경찰관과 실랑이는 금물이다. 자칫 벌금 액수만 더 늘어날 수 있다는 것을 명심하자. 불법 주차를 했다면 차가 견인될 것이다.

　오스트리아 법에 따르면 운전자는 자동차에 자동차 관련 서류는 물론, 자동차 고장 시 설치해야 하는 빨간색, 하얀색의 안전 삼각대를 반드시 비치해야 한다. 사고가 난 경우, 목격자의 연락처와 등록번호를 받고, 사고 위치에서 자동차가 옮겨지기 전, 카메라로 360도 각도에서 현장 사진을 찍어 놓는다. 사고로 다친 사람이 있다면 그 즉시 경찰에 신고해야 한다. 상해 없이 물적 피해만 발생했다면 상대의 신원 파악이 불가능한 경우를 제외하고는 경찰에 신고할 필요는 없다. 하지만 어떤 경우든 경찰에 신고하는 것이 좋을 것이다.


**【음주운전】**

오스트리아는 매우 엄격하게 음주운전을 규제하고 있으며, 음주운전이 발각되면 법에 따라 가차 없이 처벌을 받는다. 음주운전 단속도 수시로 시행하고 있다. 혈중알코올농도가 0.05% 이상이면 음주운전으로 적발되는데, 이는 맥주 한 잔 마실 경우의 수치다. 최고의 충고는 '음주운전은 절대 하지 말라'는 것이다. 술을 마셔야 할 일이 있다면 차를 집에 놓고 나서도록 하자.

## 【 자동차와 운전면허 】

운전면허는 연방경찰국에 의해 연방주가 발급한다. 빈에서는 교통국이 발급해준다. 미국이나 캐나다에서 왔다면 기존 면허증 또는 국제면허증으로 최대 1년까지 운전할 수 있다. 영국과 EU 거주자의 경우 기존 면허증으로 운전할 수 있다.

오스트리아 운전면허증을 신청해야 한다면, 다음 서류가 필요하다.

- 작성 완료한 운전면허 신청서
- 출생증명서
- 거주등록 양식
- 사진이 달린 신분증
- 기존 운전면허증
- 여권 사진 2장(35mm X 45mm)
- 신체검사 보고서(EU 외 국가의 운전면허증을 오스트리아 면허증으로 교환 시 필요)

【 무단횡단 】

오스트리아 사람들은 무단횡단을 하지 않는다. 주행하는 차가 없을 때도 마찬가지다. 무단횡단이 잦은 영국에서 살다 온 사람들은 이에 적응하는 데 어려움을 겪기도 한다. 신호등을 무시하고 길을 건너면 다른 보행자의 비난을 받을 수 있을 뿐 아니라 경찰에게 적발 시 벌금을 내야 할 수도 있다.

횡단보도 앞에서는 무조건 정차하도록 오스트리아 법이 개정되었지만, 오스트리아 운전자들도 새로운 법이 적응 중인 기간이므로, 길을 건널 때에는 늘 주의하는 것이 좋다.

## 대중교통

오스트리아의 대중교통은 편리하고 쾌적하다. 철도 시설이나 그 서비스도 나무랄 데 없고 매우 효율적이다. 버스와 열차를 갈아탈 수 있고, 모두 운행 시간표에 맞춰 정확히 운행된다. 다양한 교통수단을 함께 이용할 수 있는 조합으로 교통권 구매가 가능하며 가족용 교통권도 판매되고 있다. 도시 지역의 교통 체계가 아주 잘 정비되어 있기 때문에 자가용을 소유하고

운전할 필요성을 거의
느낄 수 없다. 예를 들
어, 빈의 경우 온 도시를
아우르는 빠르고 효율적
인 버스, 트램, 기차, 지
하철 등 교통망이 잘 구

축되어 있다. 서로 다른 교통수단 간 조화가 잘 이뤄져 있으며
무엇보다 저렴하다.

오스트리아의 공항은 깨끗하고 효율적으로 운영되고 있으
며, 전 세계 많은 도시와 나라를 오가는 항공편이 취항하고
있다. 야간에 출발하거나 도착하는 항공편은 없다. 공항과 도
시를 연결하는 교통편은 자주 운행되는 것은 물론 매우 빨라
효율적이다.

**【기차】**

공영철도망은 오스트리아 전역에 걸쳐 구축되어 있으며, 철도
는 1등석과 2등석으로 나누어 서비스를 제공한다. 오스트리
아 철도청은 'ÖBB'라는 약자로 잘 알려져 있다. 매 시간 출발
하는 주요 도시를 연결하는 급행열차는 ICE 또는 IC라 부른다.

ICE 중에는 오스트리아뿐 아니라 이웃나라의 도시나 큰 마을까지 운행하는 열차편도 있다. 1등석 칸은 편안하고 쾌적한 여행을 원하거나 업무상 이동하는 승객들을 위한 칸이다. 검표는 열차 안에서 승무원이 돌아다니며 하는데, 이 승무원에게 부탁해 승차권을 구입하거나 업그레이드할 수 있다. 출발시간과 도착 시간은 24시간제로 표시된다. 열차 칸 별 플랫폼 정차 위치를 정확하게 알려주기도 한다.

열차 탑승 전, 여행사나 ÖBB 홈페이지에서 좌석을 예약하기를 권장한다. 오스트리아 철도청은 여러 할인 요금을 제공하는데, 일부는 오스트리아 밖에서만 구매할 수 있다. 4~15일간 무제한 열차를 탑승할 수 있는 오스트리아 레일패스가 있

으며, 유레일패스를 사용하면 오스트리아뿐 아니라 유럽 내 몇몇 나라로 이동 시, 열차를 무제한 이용할 수 있다. 이 패스도 1등석, 2등석을 구분해 판매한다.

## · 최상의 서비스 ·

몇 해 전 기차로 오스트리아를 여행할 때 일이다. 최종 목적지로 가기 위해 기차를 한 번 더 갈아타야 했는데, 운이 나빴는지 작은 사고가 일어났고, 내가 타고 있던 기차의 운행이 지연되고 있었다. 나는 승무원에게 상황을 설명했다. 그는 내게 환승편을 무사히 탈 수 있을 것이라고 말하며 나를 안심시켰다. 그는 환승편의 동료에게 직접 전화를 걸어줬고, 나를 기다리겠다는 확답을 받아줬다. 기차가 역에 들어섰을 때 밖은 이미 어두컴컴해진 뒤였다. 승무원이 내게 말했다. "여기서 기다리세요. 우리 기차 바로 뒤에 환승편 기차가 기다리고 있습니다." 기차가 떠나자 곧바로 환승편 기차가 천천히 역에 들어섰다. 열차칸이 열리더니 또 다른 승무원이 내게 밝게 인사했다. "안녕하세요! 환영합니다!" 이 정도는 되어야 진정한 서비스 아니겠는가?

오스트리아의 도시와 소도시, 마을은 모두 훌륭한 버스 서비스를 제공하고 있으며, 많은 경우 트램도 운행해 서비스를 보강하고 있다. 빈의 경우 트램, 지하철U-Bahn, 고속철도Schnellbahn, 버스 서비스를 제공한다. 지역 간 버스망도 잘 구축되어 있어, 아주 작은 마을의 사람들도 기차역에 갈 수 있도록 교통편을 제공한다. 승차권은 승차권 판매기에서 탑승 전에 구매한다. 빈의 경우 '트라픽'에서도 승차권을 구매할 수 있다. 버스나 지하철을 이용할 때는, 탑승 전 승차권을 자동개찰기에 넣어 펀칭하고, 트램의 경우, 승차 후 펀칭한다. 오스트리아 사람들은

누구나 승차권을 구입하고 이를 개찰할 것이라고 생각한다. 무임승차한 차 안에서 검표원에게 발각되면 무거운 벌금이 부과된다. 야간 버스는 빈에만 존재한다. 하지만 지하철의 경우 새벽 5시 이전에 운행을 시작해 자정이 넘어야 운행을 종료한다. 시골에서는 버스에 탑승한 뒤 운전사에게 운임을 지불하기도 한다.

**【 택시 】**

택시는 거리에 서서 손을 흔들어 잡지 않는다. 대부분의 도시에 택시 승차장이 있고, 그게 아니라면 전화로 택시를 부를 수 있다. 호텔이나 레스토랑, 가스트하우스에 부탁하면 흔쾌히 택시를 불러줄 것이다. 출발 전 운전기사와 요금을 협상하지 않는 이상, 요금은 미터기에 표시된다. 공항과 도시를 연결하는 택시비는 합리적인 편이다.

# 묵을 곳

오스트리아의 어디에 묵든, 숙소는 깨끗하고 필요한 모든 것

을 갖추었을 것이고 수인은 당신을 환대해줄 것이다. 거의 모든 객실에 개인용 욕실이 있고 뜨거운 물도 마음껏 쓸 수 있다. 오스트리아는 친절함과 수준 높은 서비스로 유명하다.

호텔은 주기적으로 점검을 받고 그 시설 상태에 따라 등급이 매겨진다. 도시 중심지나 축제 기간이 아니라면 숙박비는 보통 합리적인 편이다. 침대와 아침식사를 제공하는 펜션도 많은데 밖에 '방 있습니다' 표지를 걸어 놓아, 알아보기 쉽다.

지역마다 역 안, 혹은 근처에 관광안내소가 있어 숙소 찾는 일을 도와준다. 하지만 관광안내소만 믿고 늦은 오후까지 숙소를 구하지 않는 일은 없도록 하자. 앞서 살펴본 것처럼 오스트리아 사람들은 다른 나라 사람들보다 일찍 출근해 일찍 퇴근하기 때문에, 대부분의 관광 안내소도 오후 5시면 문을 닫는다. 소도시나 마을의 시청 안에도 관광안내소가 있다. 이 안내소도 호텔이나 가스트하우스, 펜션 찾는 것을 도와준다. 이 서비스에 적은 수수료를 청구하는 곳도 있다.

외국에서는 오스트리아 관광청 웹사이트www.austria.info에 문의를 할 수도 있지만, 이 사이트에서 예약은 불가능하다.

오스트리아 곳곳에 캠프장이 있다. 이에 관한 자세한 정보는 오스트리아 관광청 웹사이트나 www.campsite.at에서 확인할 수 있다.

유스호스텔은 오스트리아 유스호스텔협회oejhz-zentrale@oejhv.or.at에서 운영한다. 유스호스텔협회IYHA에 회원으로 가입해야만 유스호스텔에 묵을 수 있다. 오스트리아 유스호스텔협회는 가맹 호스텔에 대한 세부 정보를 담은 책자를 배포한다.

등산이나 트래킹에 관심이 있다면 알프스 산맥의 산장에 묵고 싶을지도 모르겠다. 등산이든 트래킹이든, 산으로 떠난다면 반드시 오스트리아 알파인 클럽에 신고해야 한다. 산속 트래킹에 대해서는 엄격한 규칙과 규제가 시행되고 있으니 유의하자.

## 의료 및 안전

오스트리아에는 의사와 약사 인구가 많다. 약국은 순번제로 야간과 일요일에 영업하며, 휴무인 경우에는 근처 영업 중인 약국을 안내하는 안내문을 붙여 놓는다. 오스트리아는 뛰어난 의료체계를 갖추고 있지만 그 비용은 비싼 편이므로, 오스트리아에 가게 된다면 민간 건강보험에 반드시 가입해야 한다. EU 시민이라면 유럽인 건강보험카드로 응급 치료비용을 지원받을 수 있다.

오스트리아에 장기 체류하는 사람은 거주자로 간주되어, 지역 사회보험공단에 분담금을 내야 한다. 이를 의료보험이라고 하는데, 오스트리아에서 일을 하는 경우 고용주가 피고용인의 월급에서 의료보험금을 원천징수해 대납하는 경우가 대부분이다. 궁금한 경우 고용주나 지역 건강보험공단에 연락해 문의하도록 한다. 오스트리아에서 유학 중이라면 반드시 자체 가입한 민간보험이 있어야 한다.

병원에 가서 의사를 만나는 경우, 병원비는 보통 진찰 후 납부한다. 오스트리아에서 공부 중이거나 정규직으로 근무하고 있는 경우, 가입한 보험증서를 가지고 가야 한다. 급하게 치료를 받아야 하는 경우, 약간의 보증금을 내고 먼저 치료를 받을 수 있다.

민간 여행보험이나 건강보험에 가입했다면, 요금은 계좌이체로 지불한다. 보험회사에 보험금을 청구하려 한다면 병원에서 받은 영수증을 반드시 보관해야 한다. 공공보험이나 민간보험이 모든 치료항목에 적용되는 것은 아니므로, 자세한 사항은 의사나 보험회사와 확인하는 것이 좋다.

## 【 병원 】

오스트리아에서 공부 혹은 근무 중이라면 가입한 보험에 따라 소정의 부담금만 내고 무료로 치료를 받을 수 있다. 오스트리아에 여행을 올 계획이라면 출발 전 보험회사에 문의해 어떠한 치료항목과 응급 상황에 보험이 적용되는지 확인하도록 한다.

병원에서는 보통 신용카드를 사용할 수 없다.

독일에서와 마찬가지로 약사는 상당한 전문지식을 보유하고 있고 다른 나라 약사에 비해 조언의 권한을 더 많이 가지고 있다. 종종 약사는 천연약품이나 동종요법 약품을 권유할 것이다.

## 【 강력범죄 】

오스트리아의 강력범죄 발생률은 미국이나 영국 일부 지역보다 훨씬 낮은 편이다. 저녁 시간에도 안전하게 동네를 돌아다닐 수 있고, 절대 가지 말아야 할 '금지구역' 같은 것도 없다. 하지만 외지인으로서 상식 수준의 주의는 늘 기울이는 것이 좋다.

지역 경찰관들은 눈에 잘 띄어 도움을 청하기 좋고, 언제나 예의 바르게 도움을 준다. 지난 몇 해 동안 범죄 발생률이 증가하기는 했지만, 사실 이는 동유럽에서 이민자들이 대량 유

---

### · 안전 주의사항 ·

· 사람들로 붐비는 곳에서는 늘 소매치기에 주의하자.

· 소지하고 있는 신용카드는 여러 곳에 나눠 보관, 소지한다.

· 자동차에서 내린 뒤에는 반드시 차문을 잠근다.

· 호텔 숙박 시, 귀중품과 돈은 안전금고에 보관한다.

· 운전면허와 여권은 사본을 만들어 따로 보관해 둔다.

---

입된 영향이 컸다. 보다 최근에는 중동, 동남아, 아프리카에서 젊은 남성 난민들이 많이 들어와 범죄율이 높아지고 있다. 다른 서유럽과 마찬가지로 오스트리아에서도 조직범죄가 발판을 마련한 듯 보인다.

범죄의 피해를 입었다면 즉시 경찰에 신고하도록 한다.

## **신분증과** 체류허가

오스트리아 사람들은 항상 신분증을 소지하고 다니며, 시청이나 도서관에 등록할 때나 자녀를 학교에 보낼 때 등 경우에 이를 사용한다. 오스트리아에 입국한 뒤 첫 3달 동안은 여권을 신분증으로 사용할 수 있다. 비 EU 회원국 국민의 경우 비자도 필요하다(참고로 한국은 비자 면제국가이다). 3개월 이상 체류할 경우에는 체류허가를 받아야 한다.

체류허가에는 단기 체류나 방문을 위한 비자, 오스트리아에서 학업이나 일을 하되 정착하지는 않는 거류허가, 오스트리아에 정착하기 위한 체류허가, 총 세 가지 종류가 있다.

비자와 마찬가지로 체류허가도 오스트리아에 입국하기 전

에 본국에서 신청해야 한다. 일치감치 서류작업을 시작해, 본국의 오스트리아대사관에 방문해 필요 서류를 직접 제출하도록 하자.

# 08

## 비즈니스 현황

레드불, 스와로브스키, OMG, 포르쉐 홀딩, 플라서 등 오스트리아를 대표하는 기업들은 전 세계적으로 시장을 확보하고 있고, 높은 지명도를 가지고 있다.

오스트리아에서의 비즈니스는 외교술과 프로토콜이 큰 역할을 하는 독일의 그것과 아주 비슷하다. 오스트리아인과의 비즈니스에서는 복장을 어떻게 갖춰 입는지, 어떻게 행동하고 또 어떻게 일을 진척시키는지가 매우 중요하게 작용한다. 오스트리아의 비즈니스는 과거의 활기를 되찾아가고 있다. 이웃 동유럽 국가들과의 비즈니스 계약이 빠른 속도로 늘어나고 있고, 빈 국제공항은 중부유럽의 교통 허브로 발돋움하고 있다.

레드불, 스와로브스키, OMG, 포르쉐 홀딩, 플라서 등 오스트리아를 대표하는 기업들은 전 세계에 시장을 확보하고 있고, 높은 지명도를 가지고 있다. 하지만 중부유럽의 비즈니스 환경은 극도로 가변적이라, 오스트리아인들은 이미 체결된 계약도 바뀔 수 있다는 것을 체감하고 있다. 실제로 빈인터내셔널이 브라티슬라바 공항의 재개발을 수주해 계약을 체결했는데, 슬로바키아의 새 정부가 개입해 계약 진행을 보류시켰다.

여전히 논의는 진행 중이지만 두 정부의 관계가 틀어져 서로에게서 고립되기에는 위험 부담이 너무 큰 데다 오스트리아의 비즈니스 관행을 무시할 수도 없어 어려운 상황이다.

오스트리아에서 비즈니스는 정해진 일정을 정확히 따르는 체계적인 방식으로 이뤄지며 계약과 데이터를 중시한다. 가족이 경영하는 소규모 기업이 아직도 많으며, 창업주의 아들딸이 사업을 물려받아 경영하는 경우가 늘고 있다. 오스트리아와 사업을 하려면 분별력을 갖추고 눈치가 빠른 사람이라는 것을 보여주는 것이 중요하며, 기성세대를 상대할 때는 매력과 사교술을 발휘하고, 젊은 세대를 상대할 때는 객관적인 태도로 비즈니스에 접근해야 한다. 창업주와 개인적 관계가 있다고 해서, 젊은 세대와 사업을 진행할 때 항상 도움을 기대할 수 있는 것은 아니다. 오스트리아에서의 비즈니스 속도는 점점 더 빨라지고 있고, 사람들의 인내는 줄어들고 있다. '자 여기 이런 제안을 할게요. 받아들인다면 진행하고, 아니면 거래는 없던 걸로 합시다.' 하는 태도도 존재한다.

## 시간 엄수

오스트리아에서는 사업상 약속이나 회의에 일찍 도착하는 것이 문화다. 회의에 정시에 도착하는 것은 지각한 것으로 간주될 수 있다. 회의는 미리 준비한 안건을 따라 진행된다. 약속이나 일에 늦는 것은 이해받지 못하며 "주차 자리가 없어서 늦었어요." 같은 핑계는 결국 처음부터 이 약속을 위해 충분한 시간을 두지 않았다는 의미로 해석될 뿐이다. 그러니 항상 조금 일찍 도착하도록 하자.

## 근무 환경

공식적인 근무시간은 월요일부터 금요일, 오전 8시부터 오후 5시까지며, 대부분 기업은 유럽의 근무시간 기준인 주당 37시간을 준수한다. 하지만 앞서 살펴본 것처럼 오스트리아 사람들은 오전 8시 이전에 출근해 하루를 일찍 시작하는 경우가 많고, 대부분 회사들이 직원이 원하는 시간대를 선택해 근무하는 유연근무제를 시행하고 있다. 때문에 오스트리아 회사와

금요일 오후에 약속을 잡는 것은 피해야 한다. 긴 주말을 즐기기 위해 금요일 점심시간 이후 근무를 종료하는 곳이 아직도 많으며, 금요일 정오 이후 오스트리아 동료와 연락이 되지 않는 경우도 종종 있다. 많은 전화교환원들이 일찍 근무를 종료하지만, 급한 일이 있는 경우 상대에게 메시지나 음성메시지를 보내 직접 연락할 수는 있다.

오스트리아 기업들은 직원에게 최소 4주의 연차를 제공하며, 직급이 높을수록 연차 일수도 많아진다. 오스트리아인들은 보통 이 4주의 연차를 둘로 나눠, 반은 여름에 나머지 반은 겨울에 사용한다. 많은 이들이 여름휴가를 7월과 8월에 떠나므로, 이 시기에는 사업을 진행하는 것이 어려울 수 있다.

병가와 출산수당도 넉넉하게 지급된다. 자녀를 출산한 여성에게는 16주의 유급휴가가 주어지고, 육아휴가도 여유 있게 제공된다. 피고용인은 최대 6주의 병가를 사용할 수 있고, 의료진의 진단이 있는 경우 건강관리 시설에 주기적으로 방문할 수 있다. 많은 오스트리아인들이 날씨와 기압의 변화로 인한 순환계통의 문제를 겪고 있다. 미국이나 영국에서는 찾아보기 힘든 질환이지만, 오스트리아와 독일에서는 많은 이들이 이로 인해 고생하고 있어 많은 관심을 기울이고 있다.

야근이나 초과 근무는 조직 문화에 따라 다르게 해석된다. 젊은 자유 시장주의자들은 이를 열심히 일하는 증거로 보지만, 그 밖의 다른 사람들은 야근하는 동료를 보면 낮 시간 동안 비효율적 혹은 비생산적으로 일했거나 일의 수준을 잘못 예측했다고 생각할 수 있다. 오스트리아 사람들은 밤늦게까지 야근하는 영국의 직업윤리를 인정하지 않는다.

## **일터에서의** 에티켓

### 【 복장 】

직장 분위기는 산업과 지역, 직원의 연령대 별로 다르지만 옷차림은 보수적이면서도 스타일리시하게, 진지하면서도 최신 유행에 따라 입는 것이 보통이다. 젊은 사업가들은 넥타이 없이 스마트한 재킷과 청바지를 즐겨 입는데, 최근에는 많은 사람들이 이런 복장으로 출근하고 있다. 심지어 아침 TV 뉴스 프로그램 진행자마저 이런 차림으로 화면에 등장할 정도다. 하지만 사람들은 여전히 특별한 날이나 행사를 위해 차려입는 것을 중요하게 생각한다. 오스트리아인의 스타일은 이탈리아와 프랑스의 유명 디자이너 의상에 영향을 많이 받았다. 오스트리아의 사업가들도 멋지게 차려입기를 즐기는데, 특히 최고의 무도회에 참석할 일이 있다면 머리끝에서 발끝까지 정성스레 꾸민다.

### 【 직함과 호칭 】

대화를 시작하기 전에는 항상 상대에게 먼저 정중하게 인사부터 해야 한다. '그뤼스고트'라는 인사말이 가장 많이 쓰인다. 인사는 사업상 만나는 주요 담당자뿐 아니라 만나는 모든 사람에게 한다. 또 대화를 할 때는 항상, 반드시 존칭 2인칭 대명사인 '지(sie)'를 사용하고, 동료를 부를 때는 그들의 직함을 제대로 알고 부르도록 한다. 직함의 중요성은 아무리 강조해도 지나치지 않다. 보통 직함은 명함에 표시되어 있으니 반드시 확인하자. 예를 들어 누군가 박사학위를 두 개 가지고 있다면, 두 개의 박사 호칭을 다 불러야 한다. 오스트리아 사람들은 상대의 직함을 보고 존경하는 마음을 가지므로, 내 명함에도 직함을 제대로 표기하도록 한다.

## **여성** 경영인

오스트리아에서의 '남녀평등'은 미국이 이야기하는 '평등한 권리'와는 본질적으로 다르다. 오스트리아의 입법부는 여성에 대한 차별이 존재하는 현실 속에서 평등을 이루고자 할 뿐 아니라, 여성들에게 추가 혜택을 제공함으로써 그들의 '보수받지 못하는 일', 즉 직장과 아이 양육 병행, 가사 혹은 홀로 아이를 키우는 일에 보상하려 한다. 쉽게 말해 '남녀평등'은 문자 그대로 양성 간 평등으로 해석할 수 있을 뿐 아니라, 여성이어서

감내해야 하는 불평등한 부담에 대해 보상까지 하고자 한다는 것이다.

　오스트리아 여성들은 경영계 그리고 공직사회에서 매우 높은 자리까지 올랐고 유명한 여성 정치인과 TV 진행자도 있을 만큼 여성의 지위는 높다. 최근 오스트리아 정부에도 여성 내각 관료가 있었고, EU에도 여성 각료가 있지만, 아직 여성 총리나 대통령은 배출되지 않았다. 여전히 유리천장은 존재하는 셈이다. 하지만 여성들은 분명 성공을 이어나가고 있다. 특히 공직사회에서 여성의 선전이 두드러지고 있다.

　오스트리아는 보수적인 나라이므로, 외국의 여성 경영인이라면 처음부터 자신의 지위와 기준을 명확히 밝힐 필요가 있다. 짧은 메모나 편지, 명함에는 반드시 회사에서의 직함과 개인적으로 갖춘 자격을 모두 기재하도록 한다.

오스트리아인들은 복장에 매우 민감하다는 것을 늘 염두에 두고 옷을 입자. 여성이라면 적어도 상대 회사를 잘 알게 되기 전까지는 보수적으로 옷을 입을 것을 권장한다. 상대와 조금 편해진 후에 원하는 스타일대로 옷을 입어도 늦지 않다.

오스트리아 경영진은 매우 예의 바르고, 상대 여성 경영인의 말을 경청한다. 그리고 앞서 살펴본 대로 나이가 많은 남성들은 이제는 다른 서양에서 찾아보기 힘들어진, 전통 예의를 지킨다. 여성을 위해 문을 열어주거나 여성이 방에 들어오면 일어서서 맞아주거나, 여성의 왼쪽에 서서 걷거나 여성이 다치지 않도록 자신이 길 쪽에 서는 식이다. 아주 이례적인 상황에서, 예의 바른 노인이 허리를 숙이고 여성의 손을 잡고 '손 등에 키스해도 될까요?' 하고 인사할 수도 있다. 요즘에는 보기 드문 광경이지만, 이런 문화가 있다는 것을 알아둬 당황의 순간을 피하도록 하자. 이런 것이 바로 진정한 빈의 매력이다.

## **리더십과** 의사결정

오스트리아의 직장 문화는 위계질서가 확실해, 상사와 부하직원 사이의 관계는 결코 평등하지 않다. 전통적으로 경영진은 부하 직원에게 그들의 아이디어나 의견을 묻지 않고, 독단적으로 결정을 내린다. 한편 아직도 회사에서는 비서나 직원들을 이름이 아닌 성으로 부르는 경우가 흔하다. 영국인이나 미국인에게는 이러한 격식 차림이 어렵게 느껴질 수도 있을 것이다. 하지만 오스트리아의 젊은 세대가 이전보다 민주적인 경영방식을 받아들이고 있어, 기존 문화에 어느 정도 변화가 예상된다.

관리자들은 부하직원들보다 더 많은 경험을 바탕으로 아랫

### · 선 지키기 ·

빈의 한 회사에서 일하는 상사가 정해진 일정에 맞춰 계약을 성사시킨 직원들에게 감사의 의미로 회식을 열었다. 하지만 정작 회식날, 상사는 한 시간쯤 늦게 도착해 직원들에게 참석해줘서 고맙다고 인사하고, 계산한 뒤 곧바로 자리를 떴다. 하지만 아무도 기분 나빠 하지 않았다.

사람들을 이끌어야 한다. 윗사람은 아랫사람의 일을 잘 파악하고 있어야 하며, 부하직원의 아이디어나 의견을 자주 물으면 자신감이 없는 사람으로 비쳐질 수 있다. 상사가 매력적이라면 부하직원들도 좋아하겠지만, 직급이 다르다면 적당한 사회적 거리를 유지해야 한다. 오스트리아에서 좋은 상사는 직원의 친구가 아니라 멘토가 될 수 있는 사람이다.

의사결정 권한은 명확히 정의되어 있어, 관련 직무 담당자가 의사결정을 내리거나 누군가에게 권한을 양도해 의사결정을 맡긴다. 새로운 아이디어 구상은 핵심 경영진에 국한되거나, 고문단을 만들어 담당하게 한다. 오스트리아 직장에서 계획은 매우 중요한 것으로, 특히 개인이 담당하고 있는 책임 안의 계획은 더욱 그렇다. 직원들은 기존에 생각지 못한 새로운 상황이 발생하면 상사의 조언이나 도움을 구해야 하고, 그런 요청에 상사는 대답을 해줘야 한다. 일부 조직에서는 혁신과 변화를 추진하기 위해 '건의 상자'를 설치하기도 한다.

고객이나 동료와는 공통 관심사를 바탕으로 시간의 흐름에 따라 서서히 관계를 구축해 나가야 한다. 오스트리아 사람들은 고객과의 좋은 관계 형성을 위해 최선을 다하며, 부적절하거나 수준 미달 행동으로 이에 피해를 끼치는 팀원을 용납하지 않는다.

연고주의는 적극적으로 장려되지는 않지만 완전히 부적절한 것으로 여겨지지도 않고 그 적절성은 개별 사례에 따라 다르게 평가된다. 직원들이 고용주에게 자신의 자녀나 친척이 일할 수 있는 인턴십 자리나 단기직을 부탁하는 경우는 꽤 흔하다.

오스트리아의 노동 시장은 독일보다 유연하고, 해고 시 보호조치도 독일만큼 종합적이지는 않다. 오스트리아는 고용주와 노조, 정부가 함께 둘러앉아 문제 해결을 위해 노력하는 복지국가다. 과거에는 주요 국가 산업이 민영화되면서 불안과 분노, 항의가 일어나기도 했지만, 오늘날 임금협상은 전국적으로 타협이 이뤄지며, 파업은 거의 일어나지 않는다.

## 프레젠테이션

오스트리아 사람들은 사실에 기반한 명확하고 집중적인 프레젠테이션을 선호하며, 충분한 배경정보와 참조 자료, 추천의 말을 원한다. 아주 사소한 것도 질문할 수 있으니 이에 답할 수 있게 꼼꼼하게 대비하고, 대답할 때는 최대한 정확하게 말하도록 하자. 발표 내용이 모두 포함된 인쇄자료도 준비해야한다. 화려한 프레젠테이션으로 주제를 대강 훑어만 보는 것으로는 그다지 깊은 인상을 남길 수 없다. 프레젠테이션이 끝난뒤 구체적인 질문이 없다면 발표가 흥미롭지 않았거나 별 관련성이 없게 느껴졌다고 해석할 수 있다.

## 사회적 협력

오스트리아의 큰 특징으로 사회적 협력을 꼽을 수 있다. 오스트리아 상공인 총 연합인 오스트리아 연방 상공회의소, 농업회의소, 노동회의소, 노총이 4대 파트너 기관으로 작동한다. 연방 노총 가입은 의무가 아니라 자원이지만, 그 밖의 회의소들은 관련 이해 집단으로 구성되어 있고, 고용주와 피고용인 모두 의무적으로 가입해야 한다. 이 회의소들은 주 당국과 협상시 매우 강력한 협상력을 발휘한다. 이 회의소들은 각 산업별최저임금 결정과 같은 단체 교섭에 함께 참여해 결과를 도출한다.

　　제2차 세계대전 이후, 고용주와 피고용인 대표들은 각각의 이해관계를 갈등 없이 조율하고 절충안을 이끌어내기 위해 함께 노력해왔다. 이 덕분에 오스트리아의 전후 경기는 안정될 수 있었고 사회적 화합이 이뤄졌으며, 낮은 파업 발생률과 실업률을 유지할 수 있었다. 하지만 얼마 전부터 오스트리아에서도 다른 유럽 국가와 마찬가지로 실업 문제가 사회문제로 대두하기 시작했다. 2016년 11월, 실업률은 피고용인의 9.2%, 전체 노동인구의 6%에 해당하는 수준까지 치솟았다. 청년실업은 더 심각해 11.3%까지 올라가 사회적 근심을 가져왔다. 정부는 이 문제 해결을 위해 다각도로 노력해왔고, 최근 중부 유럽과 동유럽과의 사업이 확장되면서 실업 문제는 다소 완화

된 상태다. 오스트리아가 매력적인 사업 확장지로 떠오르면서 투자가 많아진 때문이다.

민주주의와 시장 경제, 사회적 협력이 어우러져 오스트리아만의 특별한 경제 문화가 만들어졌고 타협과 상호 이해를 바탕으로 하는 오스트리아의 정치체계도 일조해 현재의 오스트리아 모습이 완성되었다.


## 지역당국


앞서 우리는 오스트리아가 연방공화국으로, 선거를 통해 각 지역의 지도자를 선출하고 그렇게 공직에 오른 이에게 커다란 영향력과 권력이 주어진다는 것을 배웠다. 뿐만 아니라 모든 도시와 마을, 구역에는 선거를 통해 선출된 시장이 있다. 사업 기획과 상업, 산업에 관련된 모든 결정은 시장과 지역당국의 동의를 얻은 후에야 진행할 수 있다. 시장은 지역 내 큰 영향력과 권력을 행사하며, 지역 인프라를 사용해야 하는 사업을 추진 중이라면 그 초기 제안 단계에서 반드시 시장과 접촉해야 한다.

## 협상

계약 체결을 위한 협상은 보통 해당 분야를 책임지고 있는 경영진과 진행하게 된다. 최고 책임자는 보통 논의 과정에 직접 참여하지 않고 다른 이에게 논의에 대한 권한을 이양한다. 최종 결정은 회사 중역이나 위원회가 내린다. 계약서가 작성되면 번역본을 만들 것을 권장한다. 독일어 버전도 변호사에게 검토를 받아 오해의 소지가 있거나 잘못 해석될 소지가 있는 단어나 문장이 쓰이지는 않았는지 확인하도록 한다.


## 계약과 이행

오스트리아 법은 로마법에 기초를 두고 있으며, 상법에 있어서는 독일법에 크게 의존하고 있다. 오스트리아의 민법은 세계에서 가장 오래된 민법 중 하나로, 민법총칙은 1811년 제정되었다. 판례법은 적용되지 않으며, 각 판사는 법문을 해석할 자유를 갖는다.

2007년에는 새로 통합된 상법이 시행되었다. 이 상법의 시행으로 기존 EU의 요구조건을 따라야 했던 규제가 폐지되었고, 완벽히 자유롭게 계약의 형식과 내용을 구성할 수 있게 되었다. 남은 규제는 주로 소비자 보호를 위한 내용이다.

계약서는 전자우편 등 서면으로 체결하거나 구두상으로 체결할 수 있으며, 둘 다 동등한 효력을 갖는다. 가장 중요한 것은 계약의 양 당사자가 이 계약 내용을 이행할 의지를 보이는 것이다.

신용계약이나 보험 증서에는 특별한 조건의 계약서 양식(서면 양식 및 공증 등)이 적용되기도 하니 유의해야 한다. 계약 체결 뒤 상대에게서 아무런 소식이 없는 것을 계약 내용에 동의하는 것이나, 주문 수락으로 이해해서는 안 된다.

구입하거나 판매한 물건에 대한 소유권 이전은 계약 체결일이 아니라, 물건의 인도일에 일어난다. 오스트리아는 계약에 대한 UN 협약에 가입해 있으며, 이 협약에 가입한 국가의 기업 간 국제 거래에는 UN 계약법이 적용된다.

# E-카드

2002년 전자상법이 도입되면서, E-카드 관련 표준 기능에 대한 법적 틀이 마련되었다.

오스트리아 전 국민에게는 E-카드가 제공된다. 이 전자보험 카드는 과거 의료 서비스 이용 시 제시해야 했던 종이보험증을 대체할 뿐 아니라, 신분증으로도 기능한다. 이미 많은 전자 금융 시스템에서 E-카드를 신분증으로 사용하는 것을 합법적으로 인정해, E-카드 이용 시 더 이상 비밀번호와 거래인증번호(TAN)를 입력하지 않아도 된다.

E-카드 실시로 적은 비용으로 오스트리아 전국 주민들의 정확한 최신 주소를 등록할 수 있게 됐다. 오스트리아는 전자 정부 부문 조치를 빠르게 시행하며, 세계 제 2위의 전자정부로 올라섰다.

## 결론

전 세계 각국에게 오스트리아는 아주 매력적인 사업 파트너다. 빈에 본부를 두고 있는 OPEC은 각 국가의 협력 매력도를 평가하며, 오스트리아를 협력하고 싶은 7위 국가로 꼽았다. 이 순위에서 독일은 21위에 그친 것을 생각하면 대단한 선전이다. 오스트리아 경제는 빠르게 성장하고 있으며 실업률은 주위의 이웃나라보다 현저히 낮다. 비록 오스트리아 국민들은 자국의 청년 실업률이 용납할 수 없을 정도로 높다고 생각하지만 말이다.

오스트리아 노동자는 자신의 임금 대비 2배의 가치를 창출한다. 독일 노동자의 경우 임금 대비 최대 1.4배의 가치를 창출한다고 하니 오스트리아 노동자의 효율성을 엿볼 수 있는 대목이다. 오스트리아 노동자들은 더 긴 시간 근무하고, 기업세와 비임금 노동자 비용은 낮은 편이다.

오스트리아는 유럽에서도 가장 비즈니스하기 좋은 입지를 자랑한다. 교통 인프라 확대에만 수십 억 유로가 투자되고 있다. 아름다운 자연 환경을 지닌 나라, 오스트리아는 이제까지 경제 발전과 산업 발전을 지속해왔다. 오스트리아는 첨단기술 발전과 첨단제품 제조의 선두주자다. 유럽 국가 가운데 유기 농업 비중이 가장 높은 국가로, 온실가스 배출을 줄일 새로운 제품을 연구 개발하고, 재생가능한 에너지 자원의 사용을 확대해, 오스트리아의 산업은 국제 경쟁력을 확보하고, 비즈니스 파트너로서 매력도를 한층 더 높일 수 있었다.

모범적인 사회시장경제 국가라는 것도 장점이다. 오스트리아 사회를 이끄는 사회적 협력은 신뢰와 상호 이해, 그리고 공통의 목표를 바탕으로 하고 있다. 오스트리아 사람들은 높은 교육 수준과 정직함, 근면함으로 유명하며, 최고 품질과 가치의 제품 생산을 맡기기에 부족함이 없다.

# 09

## 의사소통

오스트리아 사람들은 수준 높은 영어 교육 덕에 영어를 유창하게 구사한다. 오스트리아에서 쓰는 독어는 독일에서 사용되는 독어와 동일하다. 하지만 지역별로 다양한 방언이 존재하며, 일부 단어와 어구는 다르게 쓰이기도 한다.

# 언어

오스트리아 사람들은 수준 높은 영어 교육 덕에 영어를 유창하게 구사한다. 당신이 만나는 거의 모든 사람은 상당히 수준 높은 영어를 구사할 것이고, 젊은 세대는 오스트리아의 억양이 없이 거의 완벽한 영어를 구사할 것이다. 오스트리아 사람들은 외지인을 편하게 대해주기 위해 영어를 쓰려 노력하겠지만, 당신이 '그뤼스 고트', '구텐 모르겐', '아우프 비더젠' 같은 단단한 독일어를 몇 마디만 해도 크게 기뻐할 것이다.

오스트리아에서 쓰는 독어는 독일에서 사용되는 독어와 동일하다. 하지만 지역별로 다양한 방언이 존재하며, 일부 단어와 어구는 다르게 쓰이기도 한

다. 외국어의 영향과 오랜 기간동안 오스트리아 법정에서 사용된 프랑스어의 영향으로, 오스트리아 독어에는 외래어도 많다. 이런 영향으로 독일의 독어와 다른 오스트리아 독어 단어들이 있다. 일례로 독어로 토

마토는 '토마토'지만 빈에서는 이를 '파라다이자'라고 하고, 독일 독어로 감자는 '카르토펠'이지만 오스트리아 독어로는 '에르다펠'이라고 하며, 독일 독어로 정육점 주인은 '메츠거'이지만 오스트리아 독어로는 '플라이슈하우어'라고 한다. 오스트리아에서 한동안 체류할 계획이라면, 오스트리아 사전을 구입하는 것이 좋다.

과거에 쓰인 독일 책들을 보면 상당수 책이 현대에 사용되는 로만체 활자 대신, 이제는 전혀 쓰지 않는 고딕체로 인쇄된 것을 발견할 수 있을 것이다. 제2차 세계대전 이전에 사용

### · 크루아상 ·

문화는 서로 영향을 주고받는다. 모든 사람이 프랑스 빵으로 알고 있는 크루아상은 사실 원래 오스트리아의 '킵펠(초승달이라는 뜻)'에서 온 것이다. 전설에 따르면 킵펠은 과거 빈이 오스만투르크 제국에게 포위되었다 가까스로 위기를 피한 뒤 오스만국의 깃발에 있던 초승달 문양을 적용해 만든 빵이라고 한다. 훗날 이를 특별하게 생각한 나폴레옹이 프랑스로 가져가 오늘날의 크루아상이 되었다.

된 필기체를 '구렌슈리프트'라고 하는데, 지금과는 전혀 다른 방식으로 글자를 써서 요즘 사람 중에는 이를 해독할 수 있는 이가 거의 없다. 때문에 이 필기체로 쓰인 옛 공문서를 해독하기는 어렵지만, 지역 시민학교에서 이 필기체를 가르치는 수업을 제공하고 있다. 과거의 공공 기록이나 법률 문서 등 고문서를 읽어야 한다면 이 필기체 읽는 법을 반드시 알아야 한다.

오스트리아의 모든 아이들은 표준 독일어를 배운다. 독어를 사용하는 모든 극가에서 이 독어를 기준으로 교육을 제공하고 있지만, 지역 방언이 이 표준 독일어보다 더 많이 쓰이는 지역도 많다. 비즈니스 관련해서는 항상 표준 독일어를 사용해야 한다. 대부분 방언은 독일어를 안다면 이해할 수 있는 수준이지만, 포르알베르크나 케른텐 방언은 알아듣기 어렵다.

독일어를 사용하는 나라들이 독일어의 필기와 철자법을 개혁하고 현대화하고자 여러 차례 시도했고, 새로운 규정도 도입했지만, 이는 혼란만 가중시켜 현재 어떤 버전이 사용되고 있는지 알지 못하는 부작용이 생겨났다. 오스트리아는 2004년 9월 도입된 신규 철자법을 사용하고 있는데, 이후에도 여러 차례의 개정이 있어 혼란이 가중됐다. 독일에서 최고 권위를 자랑하는 두덴 사전이 있다면 도움이 될 것이다.

## 의사소통 스타일

오스트리아에서 누군가와 연락을 하려면 먼저 자신을 소개하는 편지를 써서 우편으로 부치고, 이후 전화를 걸거나 이메일을 보내야 한다. 이런 사전 절차 없이 갑자기 상대와 접촉한다면 상대는 당신의 연락 시도를 사생활 침해로 여기고 기분 나빠할 것이다.

입사지원서는 항상 컴퓨터 파일로 작성해, 사진을 부착해 보낸다.

많은 오스트리아인들이 외국인과의 첫 회의에서 자신의 속마음을 잘 드러내지 않는다. 상당수는 미국인의 쾌활하고 긍정적인 태도를 보고 가식적이라거나 거만하다고 생각한다. 오스트리아의 사업가들은 신변잡기에 대해 이야기하거나, 가족이나 사생활 문제에 대해 대화하는 것을 즐기지 않고, 오직 비즈니스 현안에 집중해 이야기하는데, 때로는 지나치게 심각한 태도로 이야기하는 것처럼 느껴지기도 할 것이다. 젊은 오스트리아인들은 기성세대보다 훨씬 편안하고 융통성 있으며, 세계적이다.

위계질서가 확실한 관계에서도 상대와 대화할 때는 반드시 눈을 맞춰야 한다. 대화 중 때때로 시선을 낮추는 것은 상대에 대한 존경의 표현이라고 여겨진다. 만나고 헤어질 때는 악수를 하는 것이 보통이다. 악수를 할 때는 손을 단단히 잡고 흔들며, 눈을 정면으로 쳐다봐야 한다.

오스트리아 사람들은 단도직입적으로 의견을 표현한다. 특히 서면 양식에서는 더욱 그렇다. 또한 정보를 요청할 때는 명확하고 정확하게 원하는 정보를 밝힌다. 이들에 비해 에둘러 말하는 경향이 있는 영어 구사자들은 집중력이 부족한 것으로 보일 수 있으며, 딱히 자신이 반응할 문제는 아니라고 잘못 이해하기도 한다.

확실한 상하관계 또한 오스트리아 사람들의 의사소통에 영향을 미친다. 윗사람이 아랫사람에게 그들의 생각이나 의견을 묻는 일은 거의 없다. 하지만 젊은 세대가 이전보다 민주적인 경영방식을 취하고 있기 때문에 이런 의사소통 방식에도 변화가 생기고 있다.

교육도 의사소통 스타일에 영향을 미친다. 오스트리아 사람들은 명확하고 분석적으로, 사실에 기반해 생각하라는 교육을 받으며 자란다. 이에 따라 사람들은 공식적이고 정확하며 관련성 있는 문제에 대해 대화를 나눈다. 오스트리아 사람들과의 회의는 영국이나 미국 사람들과의 회의보다 훨씬 더 격식을 차린다는 것도 기억하자.

## 대화

오스트리아 사람들은 식사나 술 한 잔을 함께하며 다양한 주제에 대한 이야기를 즐기고, 보통 유머를 섞어 이야기를 재미있고 가볍게 이끌어 나간다.

오스트리아 사람과 대화를 할 때는 상대와 정말 친한 사이가 아니라면 피해야 하는 주제들이 있다. 일례로 나이가 지긋한 어른에게서 제2차 세계대전에 대한 이야기를 듣거나, 당시 그들이 어떤 역할을 했는지 듣기는 힘들 것이다. 더 젊은 세대는 어려운 문제에 대해서도 솔직하게 이야기하며, 실제로 무슨 일이 일어났는지 이야기할 준비가 되어 있다.

# 유머

오스트리아 사람들은 재치와 아이러니가 섞인 유머를 선호하며, 슬랩스틱도 좋아한다. 오스트리아식 유머의 가장 큰 특징은 자기비하다. 또 실제로 일이 잘 풀리는 가운데서도 최악을 확신하는 유머도 잘 구사한다. 오스트리아 사람들은 18세기 극작가 네스트로이가 시작한 유머 스타일을 계속 발전시켜 왔다. 네스트로이는 통속 풍자극과 음악, 말장난의 대가로, 빈 사투리를 사용해 날카롭게 사회를 풍자했다. 빈의 유머는 보헤미안의 초현실주의와 헝가리의 회의주의, 이탈리아의 흉내내기 전통과 우스갯짓, 유대인 작가들과 카바레 아티스트들의

신랄한 유머 요소를 두루두루 갖추고 있다. 이 전통은 오늘날까지도 계속되어, 빈의 소규모 카바레에서는 사회풍자극이 활발히 공연되고 있으며 널리 사랑받고 있다. 하지만 수준 높은 독일어를 구사하는 사람이라도 빈 방언과 그 정확한 뉘앙스를 이해하기는 어려울 것이다.

## 언론

오스트리아의 언론은 대형 언론사들이 장악하고 있다. 신문 분야에서는 같은 지주회사 소속의 노예 크로넨 차이퉁과 쿠리어의 두 언론사가 전 국민의 절반 이상을 구독자로 확보하고 있다. 지주회사는 이 두 신문사의 영리 사업과 광고, 신문 배급 등을 총괄한다.

### 【 신문 및 잡지 】

오스트리아 사람들은 열심히 신문을 읽고 뉴스를 챙겨보며 그에 대해 토론하길 즐긴다. 언론에 검열은 없으며, 그 어떤 신문도 특정 정당과 공식적인 협력 관계를 맺고 있지 않다. 매일

약 300만 부의 신문이 800만 인구에게 배달되는데, 이 중 '노예 크로넨 차이퉁'이 약 100만 부를, 나머지 200만 부는 지역 신문을 포함한 16종 신문이 차지한다.

| 전국지 |
| --- |
| **일반 신문** |
| 디프레세(중도우파, 정통 자유주의) |
| 데어 슈탄다르트(중도좌파, 사회 자유주의) |
| 비너 자이퉁(1703년 창립한 오스트리아공화국의 기관지로, 세계에서 가장 오래된 신문) |
| **중간 형식 신문** |
| 쿠리어(중도, 사회 자유주의) |
| **태블로이드** |
| 크로넨 자이퉁(포퓰리즘, 전통주의) |
| 클라이네 자이퉁(온건, 자유주의 가톨릭) |

이밖에도 다양한 지역신문과 주간 잡지가 발행되고 있다.

## 【 TV와 라디오 】

오스트리아의 공영방송국은 ORF, 단 하나로, 전국적으로 TV 방송에 있어 범접할 수 있는 시청률을 자랑한다. 사설 TV 방송국은 지역 방송국 수준으로, 시장에서 큰 영향력은 없다. 라디오 시장에서는 1998년 4월, ORF 라디오 방송국에 대항하는 민간 방송국들이 방송을 시작했지만 압도적 청취율의 ORF

라디오를 넘어선 방송국은 아직 없다.

OFR는 두 개의 TV 채널과 TV와 라디오의 지역 방송국을 운영하고 있다. 오스트리아 사람들은 위성 TV와 케이블 채널을 통해 독일 방송과 스위스 방송을 시청하며, CNN, BBC, 유로스포츠 채널을 시청한다. 대부분의 아파트 단지에는 위성 TV가 설치되어 있다.

TV 시스템으로 미국은 NTSC를, 영국은 PAL 시스템을 사용하고 있지만, 오스트리아는 PAL-B/G 시스템을 채택하고 있다. PAL 비디오테이프는 재생할 수 있지만, 현지에서 TV를 구입하는 편이 가장 좋다.

오스트리아 TV에서도 외국 영화와 TV 프로그램이 방영되고 있지만 대부분은 독일어로 더빙되어 방송된다.

오스트리아 사람들은 사용하는 TV와 라디오 세트를 등록하고, 라이선스료를 지불한다.

【 인터넷 】

오스트리아는 PC 보급률이 높은 국가로, 대부분의 성인들은 인터넷에 접속이 가능하다. 다수의 인터넷 서비스 공급업체가 운영되고 있다.

대부분의 호텔은 무료로 인터넷을 제공하고 있으며, 인터넷 카페와 Wi-Fi 핫스팟도 많다. 빈은 400개의 무료 핫스팟을 제공 중이다.

ORF와 주요 신문사는 물론, 정부 기관과 지역 당국도 자체 웹사이트를 운영하고 있다.

## 서비스

### 【 전화 】

오스트리아의 전화 시스템은 매우 효율적이다. 텔레콤 AT가 전화 네크워크를 운영하며 서비스를 제공한다. 스카이프처럼 더 저렴한 대안도 있고, 전화번호를 입력하기 전에 해당 코드를 눌러 서비스를 선택할 수도 있다.

동전을 사용하던 공중전화는 전화카드 사용으로 모두 교체되었다. 전화카드는 현지의 트라픽에서 구입하거나, 기차역이나 공항의 자동판매기에서 구입할 수 있다. 우체국에서 국제전화카드나 신용카드를 사용해 국제전화를 걸 수도 있다. 호텔의 전화를 사용하면 높은 통화요금이 부과될 수 있으니 조심하도록 하자.

오스트리아 사람들은 전화를 받을 때 보통 자기 이름을 말하며 인사한다. 그러니 전화를 거는 사람도 소속 회사를 말하고 자기소개를 해야 한다. '슈미츠 주식회사의 존스입니다.'라는 식으로 말이다.

통화 상대가 오스트리아의 보통 사람보다 훨씬 늦게 잔다는 것을 알고 있는 경우를 제외하고는, 오후 8시 반이 넘으면 누구에게도 전화하지 말자.

오스트리아의 국가번호는 43이고, 지역별로 지역번호도 있다. 주요 도시의 지역번호는 빈 1, 린츠 70 또는 732, 그라츠 316, 잘츠부르크 662, 인스부르크 512, 클라겐푸르트 463, 브레겐츠 5574, 아이젠슈타드 2682번이니 참고하자. 오스트리아 국내 전화를 걸 때는 먼저 0을 누르고 지역번호를 누른다. 해외에서 오스트리아로 전화를 걸 때는 먼저 오스트리아 국갑너호 43을 누르고 지역번호(0 제외)를 누른 뒤 전화번호를 누르면 된다. 오스트리아에서 국제전화를 걸려면 보통 00을 누르고 상대 국가번호를 누른다.

전화기에서 1151을 누르면 전화번호 안내를 받을 수 있다. 사업체 번호는 옐로우페이지를 이용하거나 지역번호를 안내하는 전화번호부를 확인하면 된다.

【 우편 】

독일과 마찬가지로 오스트리아
에서도 우편제도는 아직 매우
중요한 의미를 갖는다. 어딜 가
나 노란색 우편함을 볼 수 있
을 것이다. 산골마을의 산길에
서도 우편물을 수거하고 배달하는 우편배달차를 쉽게 볼 수
있다. 우편서비스는 매우 효율적이고 빠르며, 오스트리아 국내
우편뿐 아니라 해외배송도 익일 배송이 기본이다. 우편배달은
하루 한 번만 실시되며, 우편배달부는 우편물을 정원 근처나
아파트 단지의 관리소에 배달한다.

우체국은 보통 월요일부터 금요일까지는 오전 8시에 문을

열어 오후 6시에 닫고, 토요일의 경우 오전 8시에 문을 열어 정오에 문을 닫는다. 하지만 일부 지역 우체국은 주중 하루 휴무를 실시하니 이용 전 확인하는 것이 좋다. 주요 도시의 우체국은 저녁 늦게까지 영업하거나 일요일에도 문을 연다.

우체국은 다양한 서비스를 제공한다. 각종 학용품과 장난감, 특별 우표, 수집 품목을 판매하고 공연이나 콘서트 티켓도 판매한다. 공과요금을 납부하거나 다른 기타 거래도 우체국에서 할 수 있다. 집이나 사무실에서 택배나 우편물을 직접 수거해 배달해주는 서비스도 제공한다.

오스트리아 사람들은 이메일을 널리 사용하지만, 이메일을 받았다는 답장을 해주는 경우가 많지 않고, 소셜미디어나 휴대전화를 더 많이 활용하는 편이다.


## 결론

오스트리아는 함께 독일어를 구사하는 독일이나 스위스와는 어떻게 다를까?

첫째, 오스트리아 사람들은 독일 사람이 아니다. 오스트리아의 뿌리와 문화는 독일어라는 하나의 정체성보다 훨씬 많은 것들을 아우르고 있다. 오스트리아인들은 독일 사람처럼 엄격한 직업의식을 가지고 있지도 않고, 명확한 비전을 가지고 있지도 않다. 스위스처럼 독립적이거나 민주적이지도 않다. 그리고 이제까지 한 번도 국가적인 정체성을 성공적으로 구축한 적이 없다. 그저 지역적 정체성이 명확할 뿐이다. 사람들은 자신을 케른텐 사람 혹은 티롤 사람이라고 여긴다.

다뉴브강을 따라 합스부르크 왕국이 남긴 유산은 수백 년 동안 이어졌고, 오스트리아인들은 그 유산에 독일, 스위스, 마자르, 슬라브, 이탈리아 문화를 받아들여 오스트리아만의 고유한 정체성을 완성했다. 오스트리아 지역이나 사람을 뜻하는 'Austrianness'라는 단어는 단지 지리적 개념이 아니라, 다양한 사람들로 이뤄진 개화된 인류를 의미한다.

오스트리아 사람들은 향수에 젖어 과거를 바라보고, 오래전부터 계승되어 온 풍부한 문화를 포용하며, 고국의 아름다운 자연에 감사한다. 체코의 정치인 프란티세크 팔라츠키는 이렇게 썼다. "만약 오스트리아라는 나라가 존재하지 않는다면, 인류의 이익을 위해 서둘러 하나를 만들어야 할 것이다."

오스트리아인들은 행복하면서도 우울해하고, 자기 비하와

아이러니를 통해 유머를 구사한다. 때로는 마음속 어두운 면을 드러내며, 적의와 음모를 즐기기도 한다. 오스트리아에는 과거 혁명이나 자유를 위한 투쟁을 기억하는 사람은 이제 없다. 위대한 지도자나 지성인도 더 이상은 없다. 하지만 오스트리아인들은 아름다운 국토와 사회적 화합, 여유로운 생활과 부, 문화유산에 자부심을 느끼며 살아간다.

현대 오스트리아인을 한마디로 정의하기는 힘들다. 복잡하게 설명하자면, 그들은 매력적이고 친절하며 모든 문제에 흥미를 느끼고, 듣는 이로 하여금 귀를 기울이게 만들고, 논쟁을 즐기고, 풍부하고 다양한 역사와 문화를 가진, 현대적이고 역동적인 나라에 사는 사람들이다.

## 부록: 오스트리아를 대표하는 유명인

### 마리아 테레지아 여제, 1717-80
합스부르크 왕가의 유일한 여제로 가장 성공적인 재임 시절을 보냈다.

### 프란츠 요제프 하이든, 1732-1809
클래식 작곡가 겸 궁정 음악가, 위대한 교향악과 종교음악 작품을 남겼다.

### 볼프강 아마데우스 모차르트, 1756-91
작곡가 겸 궁정 음악가로 많은 작품을 남겼다. 음악계에 지대한 영향력을 미쳤으며, 클래식 음악계에서 아마도 가장 인기 있는 작곡가일 것이다. 교향곡과 오페라, 실내악, 합창곡을 작곡했다.

### 안드레아스 호퍼, 1767-1810
소작농의 아들로 태어나 티롤의 자유를 위해 용감히 투쟁했다. 프랑스 군대와의 전투에서 승리했으나 이후 다시 패배하고 프랑스 측에 붙잡혀 처형되었다. 티롤의 상징이다.

### 프란츠 슈베르트, 1797-1828
클래식 작곡가로 많은 노래와 교향곡, 성가곡, 소나타 작품을 남겼다. 젊은 나이에 요절했으며 사후 크게 유명해졌다.

### 그레고어 멘델, 1822-84
아우구스티누스회의 수도사로, 식물학자였으며, 현대 유전학의 창시자다.

### 안톤 브루크너, 1824-96
후기 낭만주의 시대의 클래식 작곡가이자 장크트 플로리안 수도원의 오르간 연주자였다.

### 요한 슈트라우스 2세, 1825-99
작곡가로 '왈츠의 왕'으로 일컬어진다.

### 베르타 폰 주트너, 1843-1914
오스트리아의 여류 작가이자 평화주의자로, 1905년 노벨 평화상을 수상했다.

지그문트 프로이트, 1856-1939

신경학자로, 정신분석 학파를 창시했다.

구스타프 말러, 1860-1911

후기 낭만주의 작곡가 겸 지휘자이다.

구스타프 클림트, 1862-1918

오스트리아의 화가 겸 조각가, 빈 분리파를 결성하고 이끌었다.

아르놀트 쇤베르크, 1874-1951

작곡가 겸 음악이론가, 현대음악에 12음기법을 도입했다.

페르디난트 포르쉐, 1875-1951

자동차 엔지니어이다.

한스 모저, 1880-1964

빈의 코미디 배우, 오늘날까지도 그의 영화는 많은 사랑을 받고 있다.

슈테판 츠바이크, 1881-1942

소설가, 단편 작가 겸 전기 작가, 그의 작품은 전 세계 여러 언어로 번역되었고 오늘날까지 큰 사랑을 받고 있다.

에리히 폰 슈트로하임, 1885-1957

영화감독 겸 배우이다.

에르빈 슈뢰딩거, 1887-1961

노벨 물리학상을 수상한 물리학자, 슈뢰딩거의 파동방정식을 만들었다.

루드비히 비트겐슈타인, 1889-1951

영국 케임브리지대학 교수로 재직한 철학자로, 논리철학과 수학철학 연구로 유명하다.

볼프강 파울리, 1900-58

노벨 물리학상을 수상한 물리학자. 배타원리를 발견한 학자로 유명하다.

칼 포퍼, 1902-44
지대한 영향력을 미친 과학철학자, 『열린 사회와 그 적들』을 저술했다.

콘라트 로렌츠, 1903-89
행동과학자 겸 동물행동학의 창시자, 노벨 생리·의학상을 수상했다.

쿠르트 괴델, 1906-78
논리학자, 수학자 겸 수학철학자이다.

빌리 와일더, 1906-2002
시나리오 작가, 영화감독 및 제작자이다.

헤디 라머, 1913-2000
영화배우 겸 통신기술 혁신가이다.

프리덴슈라이히 훈데르트바세르, 1928-2000
화가, 조각가 겸 건축가, 거주 프로젝트와 거대한 소각장, 가열로가 있었던 빈의 지차체 건물로 유명하다.

에른스트 푹스, 1930-2015
화가, 조각가, 건축가, 작곡가, 시인, 가수 겸 빈 환상적 사실주의 학파의 창시자이다.

로미 슈나이더, 1938-82
영화배우이다.

아놀드 슈왈제네거, 1947-
보디빌더, 영화배우, 캘리포니아 주지사이다.

니키 라우다, 1949-
포뮬러 원 월드 챔피언, 저가 항공사를 운영하는 성공한 기업가이다.

프란츠 클라머, 1953-
오스트리아의 위대한 활강 스키선수, 세계챔피언과 올림픽 금메달을 석권했다.

# 참고문헌

오스트리아의 다양한 면을 소개하는 책 중 일부를 소개한다.

Brook-Shepherd, Gordon. *The Austrians.*. London: Harper Collins, 1997.

Bousfield, Jonathan, and Rob Humphreys. *Austria, The Rough Guide*. London/New York: 2005.

Czerniewicz-Umer, Teresa, Joanna Egert-Romanowskiej, and Janiny Kumanieckiej. *Austria*. London/New York: Dorling Kindersley, Eyewitness Travel Guides, 2014.

Davies, Norman. *A History of Europe*. Oxford/New York: Oxford University Press, 1996.

McCagg, Jr., William O. *A History of Habsburg Jews, 1670-1918*. Bloomington, Indiana: Indiana University Press, 1992.

Pynsent, Robert (ed.). *Decadence and Innovation: Austro-Hungarian Life and Art at the Turn of the Century*. London: Weidenfeld and Nicolson, 1989.

Toman, Rolf (ed.). *Vienna: Art and Architecture*. Cologne, Germany: Könemann, 1999.

Waissenberger, Robert (ed.). *Vienna in the Biedermeier Era, 1815-48*. New York: Mallard Press, 1982.

Waal, Edmund de, *The Hare with the Amber Eyes: A Family's Century of Art and Loss*. USA: Picador, 2011.

Wheatcroft, Andrew. *The Habsburgs*. New York/London: Viking, 1995.

Williams, Geraint (ed.) *Time Out Vienna*. London: Ebury, 2005.


*The Michelin Green Guide to Austria,* Watford, U.K.: Michelin, 2017.

*Fodor's German for Travelers* (CD Package). New York: Living Language, 2005.

*German. A Complete Course*. New York: Living Language, 2011.

*German Business Companion. The Language Guide for Business*. New York: Living Language, 2001.

*In-Flight German*. New York: Living Language, 2001.

**지은이**

## 피터 기에러

피터 기에러는 영국인과 오스트리아인 부모 사이에서 태어났다. 서섹스대학교에서 유럽학과 교육공학으로 학위를 취득한 뒤 런던의 다양한 기관에서 교편을 잡았고, 이너런던 종합 중등학교에서 부학교장을 역임했다. 은퇴 후에는 앵글로-오스트리아인협회의 총서기를 맡아 일했다. 문화와 여행 관련 여러 권의 책을 저술했으며, 영국에서 발간되는 오스트리아 관련 계간지인 『펠릭스 오스트리아』의 편집자로 활동하고 있다.

**옮긴이**

## 임소연

고려대학교 경영학과 졸업 후 이화여자대학교 통번역대학원을 졸업했다. 현재 번역에이전시 엔터스코리아에서 출판 기획 및 전문 번역가로 활동하고 있다. 옮긴 책으로는 『세계 문화 여행_쿠바』, 『세계 문화 여행_이탈리아』, 『세계 문화 여행_중국』, 『세계 문화 여행_그리스』, 『니체라면 어떻게 할까?』, 『그림으로 보는 세계의 뮤지컬』, 『100가지 상징으로 본 우주의 비밀』, 『나는 세계일주로 유머를 배웠다』, 『성공에너지 회복탄력성』, 『베스트셀러는 어떻게 만들어지는가』, 『걱정이 많은 사람들이 잘되는 이유』, 『무엇을 주고 어떻게 받을 것인가』, 『시시콜콜 네덜란드 이야기』, 『사이버 범죄에 로그인되었습니다』, 『1984』 등이 있다.

# 세계 문화 여행 시리즈

**세계 문화 여행_일본**
폴 노버리 지음 | 윤영 옮김 | 216쪽

**세계 문화 여행_중국**
케이시 플라워 지음 | 임소연 옮김 | 240쪽

**세계 문화 여행_터키**
샬럿 맥퍼슨 지음 | 박수철 옮김 | 240쪽

**세계 문화 여행_포르투갈**
샌디 구에데스 드 케이로스 지음
이정아 옮김 | 212쪽

**세계 문화 여행_몽골**
앨런 샌더스 지음 | 김수진 옮김 | 268쪽

**세계 문화 여행_스위스**
켄들 헌터 지음 | 박수철 옮김 | 224쪽

**세계 문화 여행_베트남**
제프리 머레이 지음 | 정용숙 옮김 | 224쪽

**세계 문화 여행_이탈리아**
배리 토말린 지음 | 임소연 옮김 | 246쪽

**세계 문화 여행_스페인**
메리언 미니·벨렌 아과도 비게르 지음
김수진 옮김 | 252쪽

**세계 문화 여행_홍콩**
클레어 비커스·비키 챈 지음
윤영 옮김 | 232쪽

**세계 문화 여행_쿠바**
맨디 맥도날드·러셀 매딕스 지음
임소연 옮김 | 254쪽

**세계 문화 여행_그리스**
콘스타인 부르하이어 지음
임소연 옮김 | 248쪽

**세계 문화 여행_뉴질랜드**
수 버틀러·릴야나 오르톨야−베어드 지음
박수철 옮김 | 224쪽

**세계 문화 여행_이스라엘**
제프리 게리·메리언 르보 지음
이정아 옮김 | 224쪽

**세계 문화 여행_멕시코**
러셀 매딕스 지음 | 이정아 옮김 | 262쪽

**세계 문화 여행_헝가리**
브라이언 맥린·케스터 에디 지음
박수철 옮김 | 256쪽